008 ワンオートリックス・ポイント・ネヴァー
インタヴュー再び「2010年代を振り返る」（小林拓音＋野田努／坂本麻里子）

024 特集：2010年代という終わりとはじまり

026 2010年代の記憶——幽霊、そして新しきものたちの誕生（野田努）
043 オバマ政権以降の、2010年代のブラック・カルチャー（緊那羅：デジラ／野田努）
047 カニエ・ウエストの預言——恩寵からの急降下（ジリアン・マーシャル／五井健太郎）
056 絶対に聴いておきたい2010年代のジャズ（小川充）
058 活気づくアフリカからのダンス・ミュージック（三田格）
060 坂本慎太郎——逆回転したプロテスト・ミュージック（野田努）
062 ジェネレーションXの勝利と死——アイドルとともに霧散した日本のオルタナティヴ（イアン・F・マーティン／江口理恵）
066 あの頃、武蔵野が東京の中心だった——cero、森は生きている、音楽を友とした私たち（柴崎祐二）
070 ネットからストリートへ——ボカロ、〈Maltine〉、tofubeats、そしてMars89（小林拓音）
072 ポップスターという現代の神々——ファンダムにおける聖像のあり方とメディア（ジリアン・マーシャル／五井健太郎）
077 マンブルコア運動（三田格）
079 BLMはUKをどう変えたのか（坂本麻里子×野田努）

084 ライターが選ぶいまこそ聴きたい2010年代の名盤／偏愛盤
（天野龍太郎、河村祐介、木津毅、小林拓音、野田努、橋本徹、三田格、渡辺志保）
110 2010年代、メディアはどんな音楽を評価してきたのか
ピッチフォーク、クワイエタス、ガーディアン、ワイアー、そしてエレキングによる各年の年間ベスト・アルバム5

113 2023年ベスト・アルバム30選

127 2023年ベスト・リイシュー23選
ジャンル別2023年ベスト10
132 テクノ（猪股恭哉）
134 インディ・ロック（天野龍太郎）
136 ジャズ（小川充）
138 ハウス（猪股恭哉）
140 USヒップホップ（高橋芳朗）
142 日本ラップ（つやちゃん）
144 アンビエント（三田格）

146 2023年わたしのお気に入りベスト10
——ライター／ミュージシャン／DJなど計17組による個人チャート
（天野龍太郎、荏開津広、小川充、小山田米呂、Casanova. S、河村祐介、木津毅、柴崎祐二、つやちゃん、デンシノオト、ジェイムズ・ハッドフィールド、二木信、Mars89、イアン・F・マーティン、松島広人、三田格、yukinoise）

155 VINYL GOES AROUND PRESENTS そこにレコードがあるから
第3回　新しいシーンは若い世代が作るもの（水谷聡男×山崎真央）

32

cover photo: Andrew Strasser & Shawn Lovejoy / Joe Perri

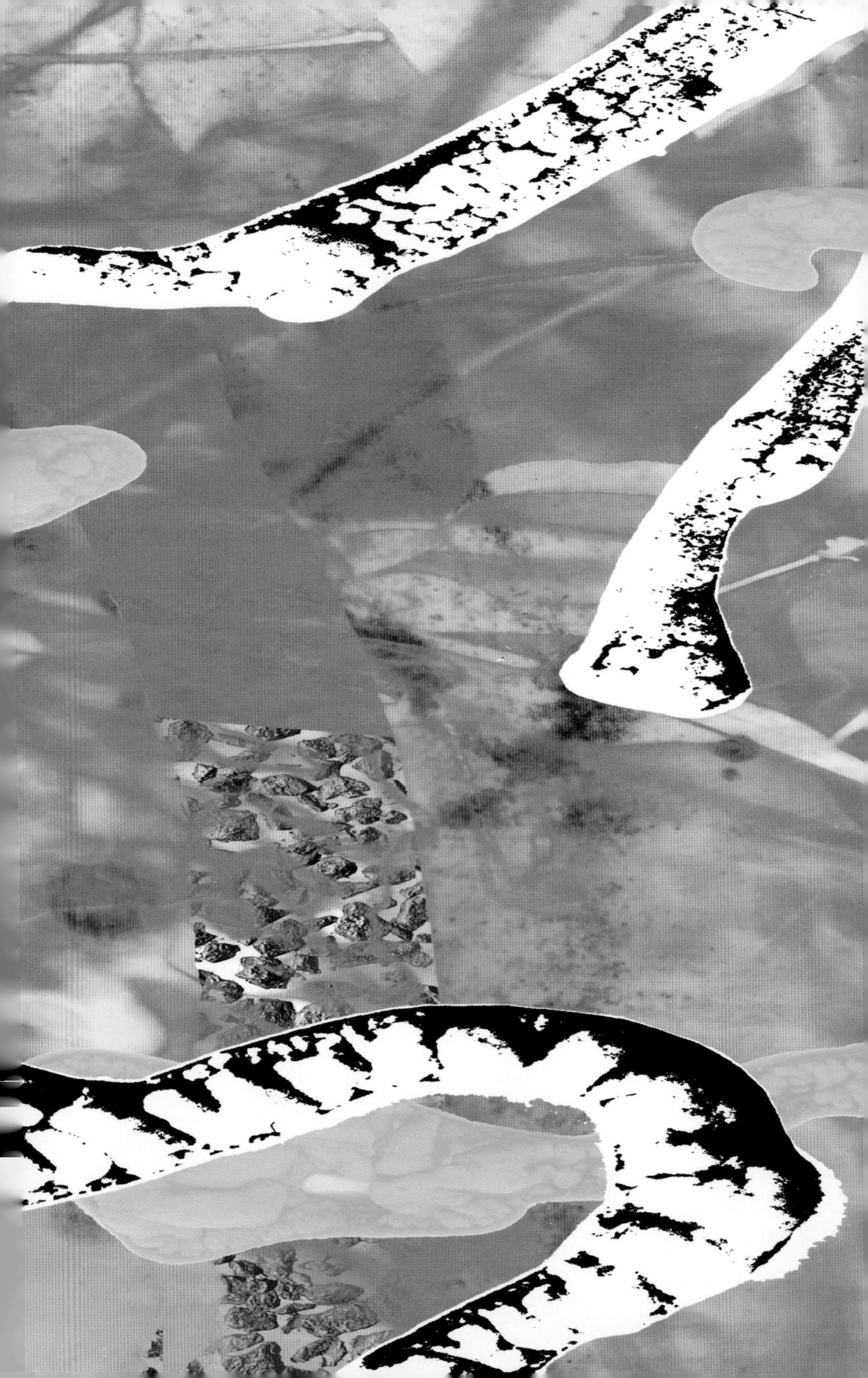

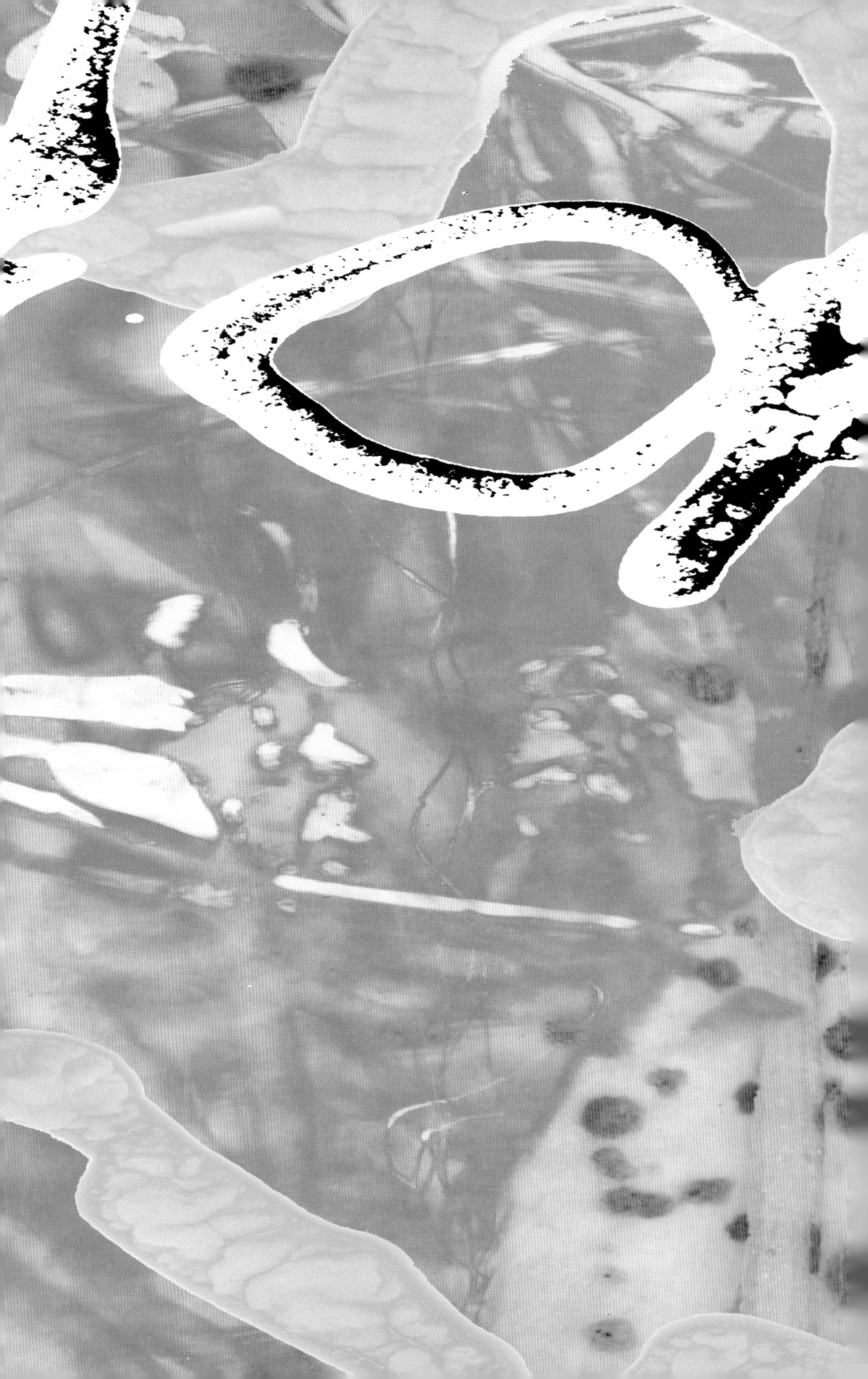

ワンオートリックス・ポイント・ネヴァー
インタヴュー再び「2010年代を振り返る」

質問　小林拓音、野田努
questions by Kobayashi, Noda
通訳　坂本麻里子
interpreted by Mariko Sakamoto
photo: Andrew Strasser & Shawn Lovejoy / Joe Perri

Oneohtrix Point Never – Again

interview

ダニエル・ロパティンが2010年代における重要人物のひとりである理由のひとつは、彼が試みたことが、エレクトロニック・ミュージック・シーンの新境地を開拓していることにある。のちにはヴェイパーウェイヴの祖として敬われもしたが、ダンス・カルチャーが出自にあるわけでもなければアンビエント・ミュージックを志向したわけでもないロパティンの自由表現としてのエレクトロニック・ミュージックは、続いて現れる、リー・ギャンブル、アムネジア・スキャナー、ヘルム、ホリー・ハーンドンのような新しいエレクトロニカ作品の先駆けにもなっているし、また面白いことに、2023年に脚光を浴びたノンディのようなオンライン文化で育ったブラック新世代にも影響を与えているのだ。本誌エレキングも再三取材をしてきたワンオートリックス・ロパティンだが、2023年はオリジナル・アルバムとしては通算10枚目となる新作『Again』を発表した。今回は2010年代特集ということもあって、そのディケイドを特徴付けたこのアーティストの「再度」のご登場をお願いした次第である。以下、いままでの取材では聞けなかった、なんとも興味深い自分語りをダニエル・ロパティンは披露してくれた。

――リーマン・ショック以降のアメリカ社会が混乱しているなかで、あなたは作品を出しはじめています。『Zones Without People』(09)時代から『Returnal』(10)あたりまで、あなたは働きながら音楽制作をしていたと思いますが、その当時は、どのような生活をしていたのかいまいちど教えてください。

DL そうだな、あのころ、学位を取ろうとしていた。司書に、アーキヴィストになるためにね。というわけで、当時はニューヨーク・シティで暮らしていて……ボストンからNYCに引っ越したところだったんだな。あの世界金融危機には、確実に影響された。というのも、基本的に……いやだから、ボストン時代がどうだったかと言えば、普段は小さな出版社で働いていてね。教育関係書籍の出版社で昼間の仕事をしていた。あれはサイアクで、大嫌いだったけど――

――(笑)

DL (笑)とにかく、別にどうってことない、マジに他愛ない仕事をやってたんだよ! ほんと、我慢できない仕事内容で、退屈で死にそうだったし、だから仕事中ですらヘッドフォンを付けてPCに向かい、自分の音楽に取り組んでいた。要するに、そうやって、意図的に「解雇されよう」としていたわけ。

――(笑)

DL どうしてかと言うと、いまは状況が違うかもしれないし、詳しいところは自分にもわからないけど、とにかくあの当時は、自主的に退職してしまうと失業手当がもらえなかったんだ。ところが、レイオフされる、解雇されると、失業手当申請が可能になり、お金が支給されることになる。というわけで、自分のプランとしては、可能な限り、ギリギリ低いレベルでヒドい業績を出して、クビになり、その結果失業手当をゲットし、そうやって図書館学の修士号を取得するための学費に充てる、という。

――(笑)なるほど。

DL で、基本的に、ことは計画通りに運んだんだ。というのも、世界金融危機が起きた

マジに他愛ない仕事をやってたんだよ！　ほんと、我慢できない仕事内容で、退屈で死にそうだったし、だから仕事中ですらヘッドフォンを付けてＰＣに向かい、自分の音楽に取り組んでいた。要するに、そうやって、意図的に「解雇されよう」としていたわけ。

ために、オバマは当時、失業者のための連邦政府補助金をキープしていたし、おかげで手当も更新され続けた。金融危機救済措置としてね。つまりまあ、ぼくは学業のためにもうニューヨークにいたし、ああすることで修士過程を消化していくことができた、と。で、取得プログラムに取り組みはじめて2年目には、もうヨーロッパでツアー活動をはじめていた。いやまあ、「ツアー活動」と言ったって、何も話題になり大成功、というものじゃなかったけどね。要は、旅先でいろんな人の家にカウチサーフィンしながらとにかくツアーを続ける、みたいなものだったし。ただ、それでも自分がツアーしていたのは間違いないし、道筋が見えてきたんだよ、物事がこのままの軌道に乗って進んでいったとしたら、自分にも、もしかしたら音楽でキャリアを切り開けるんじゃないか？　と。そうは言っても、昼間は司書として働き、夜になったら自宅で音楽を作る、それだけでも充分ハッピーだろう、とは思っていたけどね。あの頃の自分の意識はそんな感じだった。

——当時は、音楽作りはかなりホビーに近かった、と？

ＤＬ　いや、ただのホビーではなかったよ。あの時期からもう、音楽で少し稼いでいたから。ショウをやって、音源のカセットテープも出し、ショウの会場で作品を販売する等、いろいろやっていた。だから、趣味だと思ったことは一度もないし、アーティスティックな実践行為として、本当に、かなり打ち込んでやっていた。心から信じて取り組んでいたし、これをやるために……苦労するだけの価値はあるぞ、そう思っていた。というのも、音楽から片時も離れなかったからね。仕事をやっていない時間帯は音楽に取り組んでいたし、学業に割く以外の時間は音楽を作っていた。だから自分にとって、あれは——「天職」だったんだ。ホビーではなく、ほんと、まさに天職だった。

——最新作『Again』にも、『Replica』（11）以前の作品の大きな特徴だった、JUNO-60を思わせるシンセの音があります。今回、父から受け継いだそれをじっさいに使っているのかどうかはわかりませんが、ああしたアナログ・シンセの音色・質感にはどのような思い入れがあるのですか？

ＤＬ　んー……正直なところ、ぼくはただ単にあれらの「アナログな質感」に引きつけられる、ってわけじゃないんだよ。というのも、そういう質感を出せるものと言ったら、ＪＵＮＯに限らず、アナログ・シンセはそれ以外にも山ほどあるからね。ただ、ぼくにとってのＪＵＮＯというのは、ずっと所有

してきたし、ほんとに、マジにこう……目をつぶって弾いても、目を開けた状態で演奏しているのとまったく同じサウンドを出せる、そういう楽器というか。とにかくあれのことは表から裏まで完全に知り尽くしているし、うん、あれを「歌わせる」ことがぼくにはできる。で、それ以外のさまざまな類いのアナログ・シンセ、それらをいちいち、同じように「歌わせる」ことができるとは思わない。いくつかのシンセは自分には複雑過ぎたり、あるいはサウンド面でいまひとつだったり。ぼくにとって、とりわけあの時期のローランドのポリシンセには、どこかしらそう、氷のように非常に冷たい感覚があって……というか、あれはほとんど矛盾に近いことをいくつもやってみせる、そういう楽器なんだよな。氷のように冷たいかと思えばぬくもりのある響きで、分厚いサウンドであると同時に高音部は実に鋭利で冷ややか、にもかかわらず低音のあたたかみも備えている。とにかくあれは、本当に大好きな、大切にしているサウンドだ。だからだよ、あれが好きなのは。

――なるほど。あなたは演奏家としては主に「キーボード奏者」として知られているわけですが、そんなあなたですら「複雑過ぎる」と感じるシンセがあるとは、ちょっと驚きです。

DL （苦笑）いや、何でも弾けるってわけじゃないよ！ ノー、ノー、弾けない（笑）。ちゃんと勉強しなくちゃいけないし、それは挑戦だ。

――ピアノやハープシコードも弾くでしょうし、鍵盤楽器なら一通り弾けるのだろう、とばかり思っていました。

DL いや、でも、シンセサイザーは単に「キーボード部」ばかりじゃないからさ。つまり、ただのキーボードとして演奏したら、シンセサイザーはキーボードやピアノほど良いサウンドを出せないだろう、と。シンセサイザーの魔法というのは、それをプログラミングするところにあるからね。そうやってシンセサイザーにいろいろなことをやらせる、あるいは、鍵盤に実際にタッチしていようがいなかろうが、既にある種の雰囲気が提示できたり、そこには何かしらの美がある。そうだな、たとえばぼくには、モジュラー・シンセはまったく使えないし。とにかく才能がない、というか、辛抱強さに欠けている。JUNO-60は常に、すぐ使えて即時的だったし、とにかく「歌う」し、どういうわけかぼくに語りかけてくるんだ。それがどうしてなのか、理由を説明するのはむずかしいんだけれども。

――『Returnal』や『Replica』が出た2010～2011年ころは、アメリカの「ピッチフォーク」系インディ界ではドリーミーなチルウェイヴが流行していました。

DL うん。

――ですが、あなたが当時、そのドリーミーで淡いサイケデリアにはアプローチせず、ノイズや、エクスペリメンタルな、ジャンクな方向を目指した理由は何でしょうか？

DL そうだな、たぶん……んー、いま言われた通りだったらいいな、と我ながら思うよ。だけど、本当のところ、ぼく自身もある種の

――だから、チルウェイヴというのは、当時のぼくも同じように実験していたこと、そのもっと直球な、かつ、もっと口当たりのいいヴァージョンだった、というか？ いやも

ちろん、たしかにぼくはノイズ・ミュージックを作っていたよ。だけど、それだけではなく、あのころデイヴィッド・キーナン（※音楽ジャーナリスト／作家。『The Wire』に多数寄稿）が「ヒプナゴジック・ポップ（hypnagogic pop）」と呼んだようなものもやっていたからね。あれは、なんというか、チルウェイヴとして識別できるアイディアのいくつか、それらの、もっと極端で、もっと……真の意味で、じっさいにサイケデリックなヴァージョン、とでもいうか？ でも、チルウェイヴのことは察知していたよ。あの手の音楽をやっている何人かの連中とも友だちだったし、だから当時は、アンダーグラウンド音楽界の周辺に発生した、あれらいくつもの小さな党派／小集団によるシーンが、互いに被り、入り混じっていた。で、それらすべての連中を定義する特徴と言ったら、それはたぶん、彼らの誰ひとりとして狭く限定されるのは望んでいなかった、単に「実験的な音楽」というレッテルで片付けられるのはごめんだった、ということじゃないかな。ほんと、ぼくたちみんな、ポップ・ミュージックに対して根本的な信頼を抱いていたし、具体的に言えば、「見落とされ、過小評価されたポップ・ミュージック」に対してだね。要するに、ポピュラーになりそこねた、ヒットしなかったポップ・ミュージックのこと。その手の音楽を、ぼくたちは「failure pop（落第ポップ、もしくはできそこないポップの意）」と呼んでいたもので。

――（笑）

DL （笑）ポップを目指したはずなのに、なんらかの理由でそうはいかなかった、そういう試みのこと、というか。で、ぼくたちの多くは、あの時点までにはすっかり見落とされていたような、80年代産ポップに本当に興味があってね。80年代のシンセサイザー音楽作品だの、ニューエイジのレコード、イタロ・ディスコの盤等々を掘って漁ったものだったし、とにかくシンセサイザーが使われていて、自分たちの耳に「なんとなく」ドリーミーに響くものならなんでも好きだった、ってことだね。ここで言う「自分たち」というのはまあ、ぼくの同僚というか、自分と関わりがあり、一緒に音楽を作ったり、合同でショウをやった間柄の人たちを指すんだけれども。

――ele-king(質問者）は、２０１１年の『Replica』には不気味な、ぞっとする（eerie）感覚があると思うのですが、それはどこから来たものだと思いますか？

DL ……ん、そりゃ、ぼくが不気味な、ぞっとする野郎（weird and eerie guy）だからだろ！

――（笑）

DL （笑）

――簡潔な回答ですね……。

DL いやぁ、自分でもわからない（苦笑）。だから、潜在意識から来ているんだろうな。どうなんだろう？ 表面だけではなく更に深いところへ向かいたい、そういったなんらかの欲求から発している、そういうことだと思うけれども。

――『Returnal』のアルバム・タイトル、「帰ること、戻ること」は何を意味しているのでしょうか？ 09年のDVDR作品『Memory Vague』も「記憶」がテーマですし、こうした遡りは、今回の「Again」ともリン

ぼくにとってのＪＵＮＯというのは、ずっと所有してきたし、ほんとに、マジにこう……目をつぶって弾いても、目を開けた状態で演奏しているのとまったく同じサウンドを出せる、そういう楽器というか。とにかくあれのことは表から裏まで完全に知り尽くしているし、うん、あれを「歌わせる」ことがぼくにはできる。

クしている感覚なのでしょうか？

DL　『Returnal』については、あれは……ぼくにとっての、あの言葉がもつ意味というのは……だからまあ、毎度そうなんだけど、あれは自分でこしらえた「バズ・ワード」というか、ニーチェが「永劫回帰（the eternal return）」について述べた際に意味していたものを指していた。だから、「eternal/eternity」と「return」の両単語を含む、かばん語のようなものだね。それもあったし、あれはぼくにとっては……サイクル（周期）やループの数々、そういった意味合いでもあった。で、それが『Again』とどう繋がっているのか？　と言えば……たぶん、音楽をフィクション化しようとする、そして自分自身の音楽の記憶をフィクション化しようと試みる、というのは、ぼくの全作品を通じて一貫しているんだろうね。そんなわけで、音楽をいろいろな違うやり方で想像したり、様々な音楽の歴史を絡ませて遊ぶとか、そういったことから自分はある種の楽しさを得ている、と。

――なるほど。人間の記憶の興味深いところは、それが完全に正しい再現ではなく、常に、その人間の頭のなかにおける再構築であるところですよね。決して正確な本当の「記憶」にはなり得ない、勘違いや食い違いが必ず生じる、という。

DL　うん、うん、うん。その通り。そこだよね。だから、そもそも記憶は、根本的に、その人間の「感じ方」なわけだし。だから、ぼくはとにかくその点を評価し、それをどこまで遠くにもっていけるか、試そうとしている。で、自分という人間はこう……哲学的に、あるいは精神的に言っても、とにかく全般的に、「現在の物事の在り方」についてやや悲観的なんだろうな。「物事の在り方はこれこれこうなっている」とか、「物事はこうあるべきではない」、あるいは「物事はこうあるべきである」なんて言う人はたくさんいるけれども、その多くは要は……非常に融通の利かない凝り固まった考え方だし、ぼくは常に、そこから逃走してきた。それよりも、ぼくにとって興味深いのは物事の不安定さであって。その不安定さには、自分にとっての音楽や、音楽についての考え方も含まれる。

――2023年は『R Plus Seven』10周年でした。あなたは『Betrayed In The Octagon』（07）から『Returnal』までのあいだに、アンダーグラウンドとはいえ、すでにいろんなことを実験しています。現在の視点から振り返ってみて、『R Plus Seven』はご自身のなかでどういう位置づけのアルバムですか？

DL　そうだな。ぼくからすれば、自分のごく初期の作品を考えてみると……変化が起きた、よりソリッドに自分の「声」を見つけ出すようになった時期と言えば、おそらく、それはじっさい、2011年の『Replica』あたりからスタートしていたんだと思う。でも、『R Plus Seven』でだったね、ぼくが本当に、マジに、本当に、そこに「達した」のは。あそこで、自分のサウンドを再定義すべく、一連の手だてをとったと思うし、そうやって見つけようとしたんだよな、この……だからほんと、あの頃のぼくは、自分自身がそれまで聴いたことのない、そういうやり方で音楽を作ることに非常に関心があった。で、『R Plus Seven』はとにかく、自分がやりたいと目指したことを、しかもかなりハイ・レベルでやれている、そう思える地点に自分も本当に遂に到達したな、そういう手応えを感じるアルバムだね。で、思うに、ぼくにとってのあのレコードというのは、あそこに収録されたマテリアルの多くはいまでも大好きなんだけど、あの作品について考えてみると……とくに具体的に「ここが良い」とか、決してそういうことではないんだよ。そうは言いつつ、あのレコードのもつ空間的な広さ、あれをエンジョイする自分はいるんだけど。あの作品がいかに……あれがどれだけ広大か、そこは気に入ってる。あのレコードでは、諸要素が流れていくというか、ひとつのアイディアから別のアイディアへと流動していくし、おかげでとても空間性のある、オープンかつドリーミーなレコードになっていると思う。うん、あれは、どういうわけか自分がいまもエンジョイできる1枚だ。

――2021年、あなたはマーク・フィッシャーの功績を祝するイヴェント・シリーズ「For k-punk」で、彼の講義録『ポスト資本主義の欲望』の刊行記念のヴァーチャル回に参加していますね。

DL　うん。

――また、この10月におこなわれたオンライン上でのファンとの交流（Reddit のAMA）では、フィッシャーのことを「a genius prophet（天才預言者）」と呼んでいました。わたしたちele-kingは、本のほうの『k-punk』をはじめとする、フィッシャーの著作の日本語版を出版しています。彼の文章や思想でもっとも惹きつけられたアイディアはなんでしたか？

DL　そうだな、思うに……哲学者が、何かしら記憶に残る印象的なことを述べるとか、誰かが気にかけるような重要な発言をするのって、じつにレアなことだよね。

具体的に言えば、「見落とされ、過小評価されたポップ・ミュージック」に対してだね。要するに、ポピュラーになりそこねた、ヒットしなかったポップ・ミュージックのこと。その手の音楽を、ぼくたちは「failure pop（落第ポップ、もしくはできそこないポップの意）」と呼んでいたもので。

——（爆笑）

DL　（笑）というわけで、それだけでももう、彼はぼくの関心を引きつけたってわけ！　でも、うん、彼の「資本主義の終わりを想像するより、この世の終わりを想像する方が楽だ」という発言は最高だね。あれは本当に奥深く、かつとてもキャッチーで、可笑しいものだと思うし、カルチャーが何に成り果ててしまったか、我々にとっての「世界の終末の日の物語」のためのマシンみたいなものになってしまったかを、非常によく要約している。彼はじつに洞察深く、それが社会の起こしている病状であることに気づいていたし、そこに生きる人びとにはそのシステムがあまりに根深くしみついているから、彼らは「資本主義の終わり」こそが真の意味での終末の日になるであろうことすら思い描けない、という。彼が見たかった終末の日がそれだったのは間違いないと思うし、もしかしたらそれは、ラヴ・ストーリーの終わりなのかもしれないよ？　ぼくにもわからないけれども……。まあ、彼はこの、ポップ・カルチャーやオルタナティヴ文化、もしくはサブカルチャーを眺め、ディープな共感でもってそれを感じることのできる、そういう才覚を備えた人だったと思う。そう、非常に共感型の思索家／哲学者だったし、彼はそうした類いのさまざまな事柄に目を向け、それをベースに、社会全体に対してのコメントを発することができた。ぼくは、彼のブログへの投稿が大好きだな。とりわけ、音楽関連の文章が。「憑在論」関連の文章、たとえば『わが人生の幽霊たち』だとかも好きだね。あそこらへんは、自分に強く語りかけてきたものだった。だけどぼくは、それよりももっと見落とされてきたものまで気に入ったね、たとえば『奇妙なものとぞっとするもの』。あれは、たしか、彼の論考をまとめたものだと思うけど……。

——はい、そうです。

DL　とにかくまあ、彼は、一種の「衰退の預言者（prophet of decline）」だったわけだよ。だからぼくにとって彼は常に、なんらかの答えを見つける必要を自分が感じたときに（苦笑）、参考にできる存在というかな。「これ、一体どういうことだろう？」とか迷ったときには、マーク・フィッシャーの文章を読めばちょっとした明察やインスピレーションをもらえる、そういう感覚がある。もちろん、彼の死はひどい出来事だった。とにかく、ひどいことだった。あの領域にはオリジナルな声がじつに少ないし、それを失うことになった、というのはね。ぼくたちの時代にとって、本当に大きな損失だという気がする。

——はい。日本のマーク・フィッシャーのファンも間違いなくその思いを抱いていると思います。

DL　うん。

——で、そのAMAでのオンライン交流であなたは、『Eccojams』を再度つくるとも言っていました。本当でしょうか？　これ、マジですか？

DL　（笑）

——いや、なんでいまさらまた？　と。再度そこへアクセスしたくなったのはなぜですか？

DL　っていうか、あれをストップしたことはなかったんだけどね（笑）！　ただ、発表してこなかっただけのことであって。

——そうなんですか！

DL　ぼくにとって、あれはなんというか、必ずしも表沙汰にしなくてもいいもの、みたいな。ある意味、いったん自分が……だから、『Vol.1』では手本を示そうとしていた、というか。要するに、あれをやることを通じてぼくが本当に求めていたのは、人びとにもああやってDIYで音楽をつくって欲しい、ということだったわけで。だからぼくからすれば、あれは別に「れっきとした大きな音楽プロジェクト」みたいなものではないし、それよりももっと……あれはとにかくほんと、一種の「フォーク・ミュージックの慣習的行為」のようなものであるべきだと思う。というわけで、あれをやるのは人様に見せびらかすためではない、というwこと。ただ、自分自身のためにやっている。けれども、人びとからの「『Eccojams』を聴きたい」っていう要望はあまりに強いから、その手法を思いつこうとしているところ。だから、仮に自分がEccojam音源をシェアするとしたら——オーケイ、せっかくだから、興味深いやり方で、おもしろい方法でシェアしたいな、と。聴き方のモードという意味で、ぼくが興味深いと考えていることを反映したものにしたいだろうね。というのも、きちんとやれば、あれらの音源には、瞑想をやっているような、トランスめいた状態を引き起こすことが可能なんだ。思うに、ぼくからすれば、そのやり方をどうやって見極めるか、だな。たとえば、単に録音音源を1枚のアルバムにまとめて出すという形式ではなくて、トランス状態をもっとうまく呼び起こせるような、そういう方法を見つけるっていう。そうした類いのことを、いろいろと調べて考えている。ぜひ、やってみたい。

——なるほど。あなたのYouTubeチャンネル「Sunsetcorp」を復活させたのも、その一環なのでしょうか？

DL　ああ、あれはまあ、自分のための発奮材料みたいなものだね。うん、だから、もしも自分にSunsetcorpを呼び起すことができたら、きっとそれを出現させることができるんじゃないか？みたいな。

——見知らぬだれか他人に自己紹介する際、自分の作品を1枚だけプレゼントするとしたら、どのアルバムを選びますか？　一種の「名刺」というか、「私はこういう人間です」と紹介するとしたら？

DL　えっ？　ワーオ！　うわぁ……それは……ほんと、「だれが相手か」によるよ。ブハッハッハッハッ！

——（笑）

DL　（笑）だから、自分はきっと、その相手がどんな人かを考慮に入れようとするだろうな、と……まあ、相手がどんな「スピリット」の持ち主なのかを、ちょっと考えるだろうね。その上で、たぶん、自分は何かしら選ぶんだと思う。だから、その質問の答えは「なし」。自分の作品のなかで、「これ」という特定の1枚はない、になるんじゃないかと。っていうか、ほとんどの場合、自分の仕事が何か、どんなことをやっているかすら、他人に知られないようにしているくらいだからなー（笑）。

——（笑）どうしてですか？　立派な職業じゃないですか。

DL　（笑）とにかく、会話をとっとと終わらせたいんだ。家に帰りたいよ。

——なるほど……。

あの頃のぼくは、自分自身がそれまで聴いたことのない、そういうやり方で音楽を作ることに非常に関心があった。で、『R Plus Seven』はとにかく、自分がやりたいと目指したことを、しかもかなりハイ・レベルでやれている、そう思える地点に自分も本当に遂に到達したな、そういう手応えを感じるアルバムだね。

DL　でもまあ、もしもぼくが相手のことを気に入ったとしたら——そりゃまあ、自分もたぶん、その人のことを知ろうとするんじゃない？　いくつか音楽に関する質問をしてみて、彼らの興味がどこらへんにあるのか探ってみて、その上で、なんらかのサジェスチョンが生じてくるんじゃないかと。

——そこで、あなたはどの作品を示唆するんでしょう？　……まあ、この質問には答えようがないかもしれませんね。その相手がどんな人か知る必要があなたにはあるし、それ次第でリコメンドする作品も違うでしょうから。

DL　んー、まあ、たぶんヘヴィめな音楽が好きな人だったら、たぶん『Garden Of Delete』（15）あたりを示唆するだろうね。また、それよりももっと、プログレッシヴなロックが好きなタイプの人たちに対しては、そうだなぁ……『Again』を示すと思う。もっとメロウなノリの、レイドバックした感じの人たちには『R Plus Seven』をプレイするかもしれないし、ストーナー系っぽい連中には、たぶん『Rifts』（09）のうちの1枚とか、『Replica』をあげるんじゃないかな？

——はい。にしても……（笑）それだけ、いろんなヴァリエーションのあなたがいるわけですね！

DL　（笑）

——ゆえに、その人間にマッチしそうな作品を相手に合わせて選べる、と。あなたの作るレコードは毎回違うということですし、良いじゃないですか。

DL　まあ、トライしているしね。もちろん、毎作品何もかもが違う、というわけにはいかないけど、ぼくは……だから、これはさっきも話した、「堅固な、揺るぎない回答」ってものに対して自分が少々抱く、不信感なんだろうね。要するに、「これが自分のジャンルです」、「自分の作っている音楽はこれです」といったカッチリした物言いは、ぼく自身のパーソナリティや、ぼくの抱く興味に適さないんだ。とにかくアーティストとして、ぼくは……自分があまりに長い間「何かひとつのもの」に留まろうとしたら、そこを疑うね。自分の人生のなかで、たくさんの異なるマスクを被るのを、ぼくは非常に喜んでやっているし、いろいろやってみたくて仕方ない。たとえそれが、商業的な成功云々の意味ではうまくいかないとしてもね。自分からすれば、新しいものを発見するとか、何かを新たに学ぶことから得る感覚に較べれば、その点（＝コマーシャル面での成否）はそんなに重要じゃないから。だからなんだよな、映画の続編って、作ればたしかに当たるし儲かるんだけど、誰もが「続編は、やっぱり1作目にかなわない」と思うのは。で、ぼくからすればないんだ。これは、これまでもずっと言ってきたことだけれども、マジで、本気で言っているんだよ。

——自分は、「続編制作業」には従事してい

——2010年代にあなた個人に起きた出来事のなかで、最良のことはなんでしたか?

DL (笑) フッフッフッ……!

——(笑)

DL うわー! いやまあ……っていうかさ、そんな質問、誰にも答えようがないじゃん(笑)?

——ははは! たしかに。

DL 理解すらできないな……んー、まあ、2010年代に自分に起きた最良の出来事と言ったら——あの時代をなんとか生き延びられたことだよ、グハッハッハッハッ!(笑) そうやって、あのディケイドを切り抜けることができ、いまの自分がこうしてここにいる、と。

——(笑) それ、実際、最高な回答だと思います!

DL 悪くないよな。

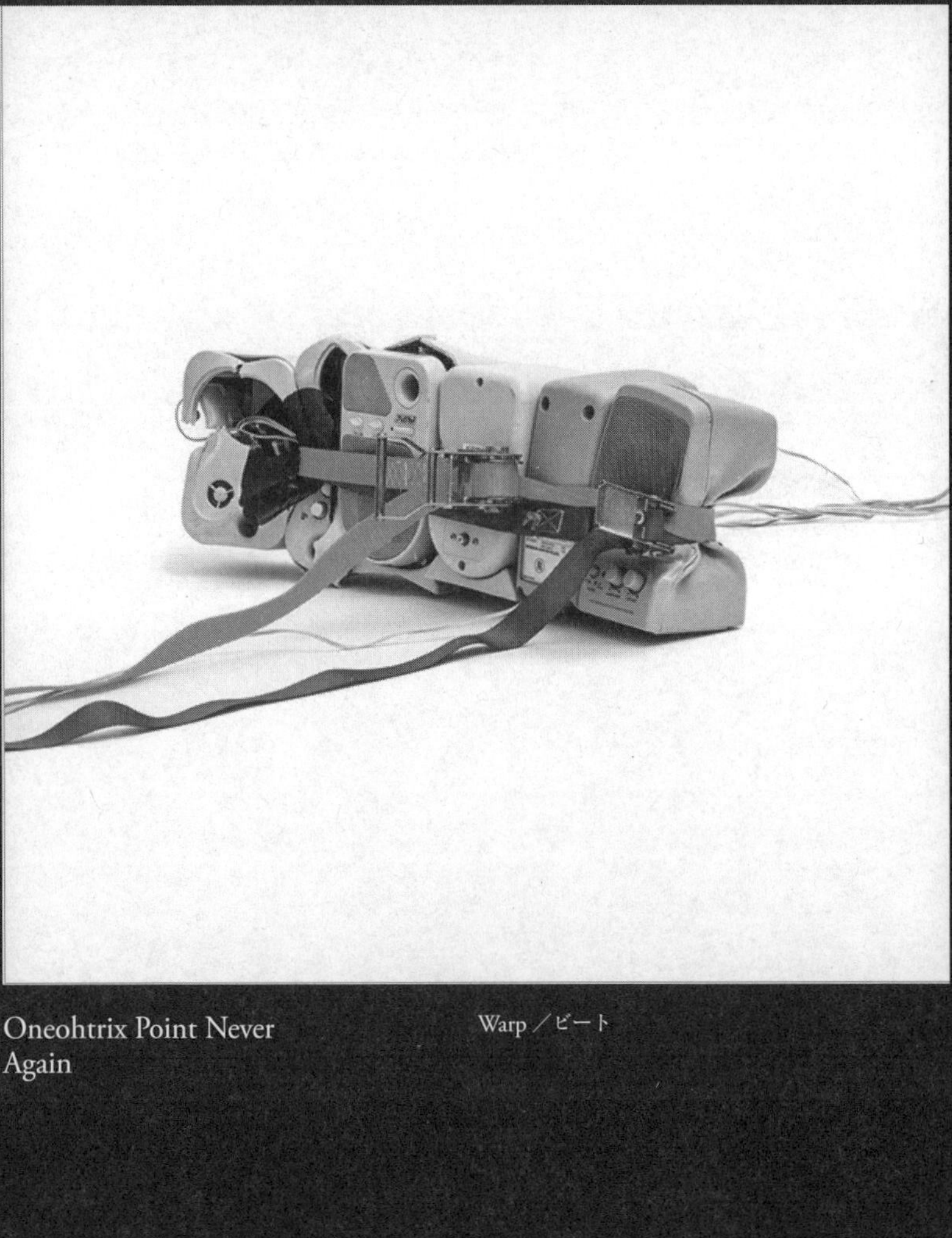

Oneohtrix Point Never
Again

Warp/ビート

ning of the 2010s.

それはかつないほど爆発的なディケイドだった。音楽文化はあらゆる位相において変化を強いられ、あるいはまた、期待されていない場所で何かが生まれた。過去が現在に侵食し、巧妙に現在とすり替えられ、音楽は改造されてあらたな美学を生んでいる。白人男性ロック支配の終焉。アフリカから多彩な音楽が発信され、ジャズは息を吹き返し、クィアの門戸は広がった。資本主義と気候変動、植民地主義と家父長制、そして生政治へのリアクション。スマートフォン革命にＳＮＳブーム。短時間のあいだにいろんなことが同時に起きた。だいたい、日本の音楽が国際舞台で、これだけ話題になったこともなかった。2010 年代の音楽とは何だったのだろう。

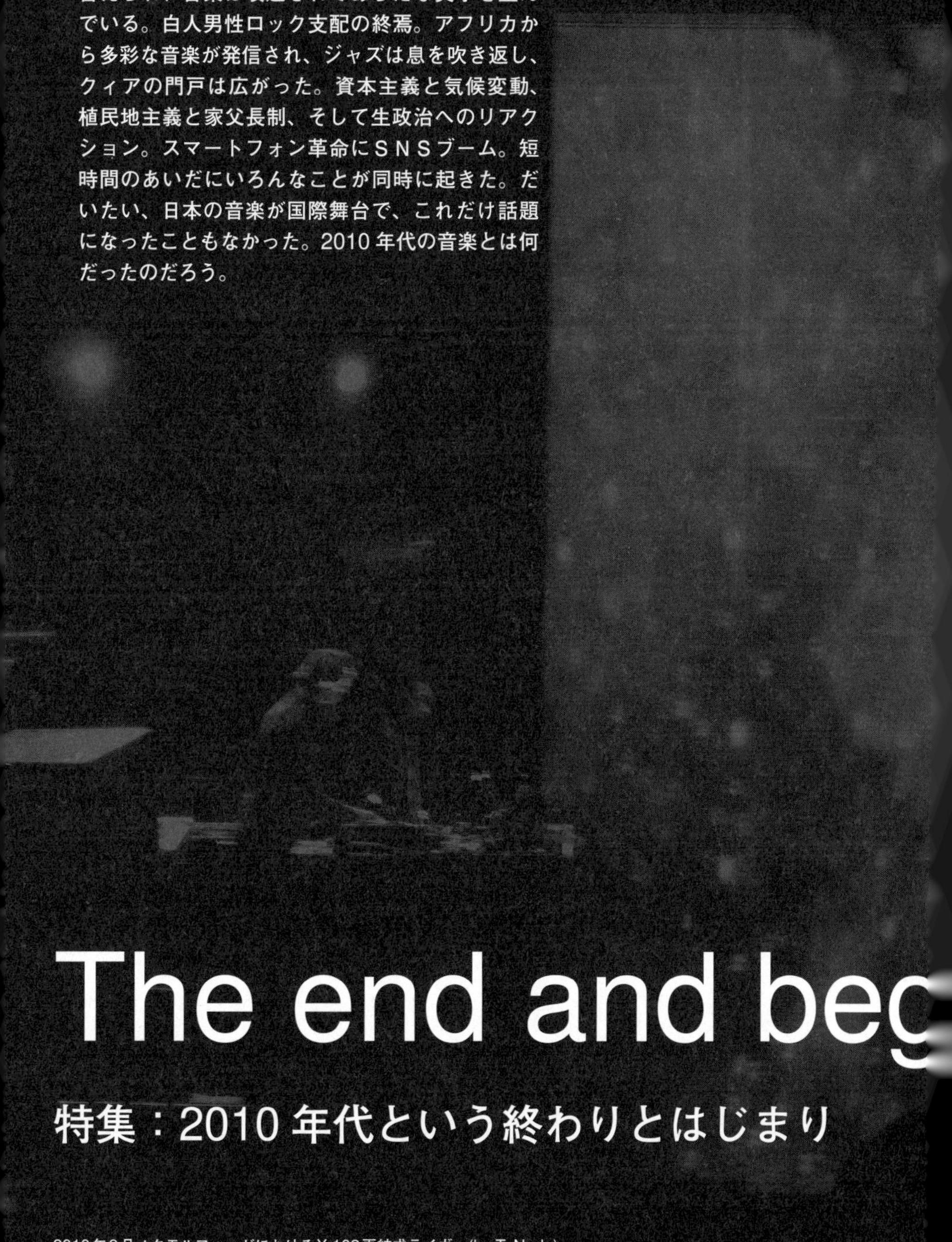

The end and beg

特集：2010 年代という終わりとはじまり

2010年9月メタモルフォーゼにおけるX-102再結成ライヴ。(by T. Noda)

写真・文　野田努（ele-king編集長）
photos & text by Tsutomu Noda

2010年代の記憶 26
幽霊、そして新しきものたちの誕生

ポストWeb2.0の不協和音が広がる。
あたかもスポティファイのデジタルの闇のなかを、
あらゆるものが一度に鳴り響きながら
疾走しているようだ。

2010年5月24日、「クワイエタス」
フライング・ロータス
『Cosmogramma』のアルバム・レヴュー

2010年代のなかばぐらいだった。筆者より30歳は若い当時20代半ばの人から、「ぼくの世代にとっての『アンビエント・ワークス』がOPNの『レプリカ』なんです」と言われたことがあった。これは単純な世代論ではない、文化の変化を物語る象徴的な話だ。エイフェックス・ツインの『Selected Ambient Works 85-92』（92）の幸せな音色に対して、『Replica』（11）ときたらそのアートワークからして骸骨なのだ。

James Ferraro
Far Side Virtual
Hippos In Tanks (2011)

27

２０１０年代には、社会・政治において「現在」を決定させるにいたった大きな出来事があったように、音楽文化においてもそのディケイドの最初には破壊と混乱、そして新しいものの誕生があった。その後半には、よりソーシャルでプロテストな表現が目立つようにもなっている。振り返ってみると、劇的な10年だったと言える。ゼロ年代からの続きで言えば、旧来の生態系が完璧に破壊された10年でもあるのだ。店に行ってアルバムやシングルを物色して買って聴く。雑誌を読みながら音楽の世界を楽しむ。音楽家は基本的に自分の作品の売り上げで生計を立てる。こうした何十年も続いた生態系は瓦解し、アップルやスポティファイといった企業が音楽の世界に参入した。

音楽評論家サイモン・レイノルズの『レトロマニア』（11）という本は、「90年代にくらべて文化の更新が減速した」ゼロ年代について書かれたものだが、10年代の音楽文化を考えるうえでも役に立つ。たとえば同書は、いつでもどこでもどんな音楽でも簡単に、食欲がなくなるまで聴き続けられる状況への警戒心を露わにしている。あっという間に広まったスマートフォン革命やソーシャル・メディア・ブーム、配信とYouTube、いわゆるポスト・インターネット社会のなかで音楽の供給システムも享受の仕方も変えられてしまい、いまでは最新音源も古い（かつての）レア音源もたいていは〝即時〟に聴けてしまう。ザ・KLFのビル・ドラモンドは「録音された音楽全史から、いつでもどこでも、好きなことをしながら、どんな録音された音楽でも聴くことができる」地点に人類が到達したことをいち早く認識したうえで、この事態が音楽の意味と目的を完全に空洞化させるものだと主張し、すでに２００５年から11月21日を「No Music Day（音楽を聴かない日）」と制定している。もちろんユーモアを込めた抵抗だ。この手の話題でよく言われるのは、ひとつには、没入感のある音楽リスニングから情報収集へと変わったということで、情報であるならMP3と配信で充分なのだ。また、スマートフォン経由でイヤホンを使って聴くことは、おおよそどこにいても、いますぐ自分の思い通りの世界へと逃避できることでもある。共有の機会は失われ、せいぜいぼくのような年配のリスナーたちが昔人気だった●●へのノスタルジアで機能するくらいだったりする。だから相対的に見て音楽の価値も変わったのかもしれない。（この問題は、自分を含め現在活動しているすべての音楽ライターが情報としての音楽の恩恵に授かっている事実を思えば複雑な思いだ。皮肉を込めて言うが、昔と比べて原稿を書くのがどれほど楽になったことか）

しかしながら、こうした過飽和的なデジタル給餌狂時代においても、それを逆手にとって創造性を発揮したアーティストは少なくない。フライング・ロータスはかつてこんな楽観的なことを話している。「過去のすべてと今日の最新テクノロジーをひとつにまとめ上げたら、とことんクレイジーなシットができるだろ？」

10年代の音楽、ことにインディペンデントなアンダーグラウンド・シーンは、Web2.0以降のオンライン文化が普及したあとの最初のディケイドで、それ以前からずっと続

Macintosh Plus
Floral Shoppe
Beer On The Rug (2011)

28

いている過去の再利用が相も変わらず繰り返されていた。レイノルズは前掲書のなかで、そんなこたぁ、あなた、じつは90年代の日本で、フリッパーズ・ギターやピチカート・ファイヴなんかが（UKのセイント・エチエンヌやステレオラブよりも先に）やっておりますがな、という話も書いている。いわく「創造とキュレーションの境界をこれほど曖昧にした音楽生産国はない」。この日本的な加工、レトロのパッチワークがゼロ年代の英米音楽にも波及したというのが、その本が主張するところで、ヴァンパイア・ウィークエンドやボン・イヴェール、フランツ・フェルディナンド、エレクトロクラッシュにフリー・フォーク、ニュー・レイヴなどがその代表だ。LCDサウンドシステムは〝Losing My Edge〟（02）という曲で、ロックのマニアックな知識が容易に手に入るようになった現在、それらをひけらかす自分がどんどんダサくなっていると、憎たらしいほど時代の先を読んでいる。そしてUSインディ次世代のいち部は、まるでそのメッセージを踏まえたかのように、アメリカーナやポスト・パンク、パラダイス・ガラージやダフト・パンクなど栄光の過去を参照するのではなく、誰も見向きもしなかったゴミを漁るところからはじまっているのだ。

とは言うもののその一方で、音楽のノスタルジアがより存在感を増しているのも確固たる事実である。音楽ライターが思い出横丁を切々と歩き、再結成ライヴを、これほど多くのロック・バンドが臆面もなくやる時代が来るとは思いもしなかった。そして、それを軽蔑していたクセにありがたがっている自分がいるのだ。フィッシュマンズはこの先も続くのだろう。

もはや歴史探訪や温故知新どころではない。ぼく自身も正直な話、自分が聴いていなかった過去の音楽への誘惑に抗えないし、ボックスセットだって欲しくなってしまう。ところがいまでは若いロック・リスナーでさえも、現行のバンドよりもオアシスやザ・スミスの旧譜を聴いて満足しているという。〝Losing My Edge〟の歌詞とは裏腹に、古き音楽の優位性は年を追うごとに増しているという現実があるわけだ。旧譜は、ぼくが音楽を聴きはじめた70年代後半の時点でも、すでに魅力的ではあったけれど、それが〝現在〟よりも優位になるということはなかった。

レイノルズが言うようにゼロ年代に減速し、停滞したかに見えた音楽文化の景色は、一見すれば10年代にもそのまま引き継がれている。我々みんなが、後ろを向きながら前に走っているのだろうか。そもそもドナー・サマーの〝I Feel Love〟やフューチャーの〝Acid Trax〟のような革命的な曲は、そうそうあるわけではないのだ。70年代末や90年代前半のように、毎年のように新しい何かが登場することはもうないのかもしれない。

だが、10年代にはゼロ年代にはなかった変化があった。たとえばエレクトロニック・ミュージック・シーンにおいては、男性支配の時代の終了をいち早く告げるかのように、重要な作品の多くを女性作家やクィアたちが作っている。疲弊した西欧にアフリカのエネルギーが活力を与えてもいるし、ブラック・ミュージックはふたたびプロテスト音楽

Oneohtrix Point Never
Replica
Software (2011)

31

として機能し、いまも活発に動き続けている。アンダーグラウンドの音楽はこの社会の状態を素早く反映し、理解よりも先にそれを感じ取ってもいる。ガラクタからあらたな美学を生産するエネルギーと能力をもった表現は、やはりいまでも音楽が抜きんでている。10年代の音楽について考えると、そこで起きたことの意味の深さや暗示的な作品の多さに驚くばかりである。

入眠状態、そしてアナログ盤やカセットのフェチ化

今日では一般化しているリリース形態、フィジカルはアナログ盤であとは配信、場合によってはカセットテープというスタイルは、2010年前後のUSアンダーグラウンドに派生した、チルウェイヴ／ヒプナゴジック・ポップといった小さな（マイクロ）ジャンルに端を発している。2008年のリーマンショックのあとで起きた小さな波が、当時は時代遅れで、クラブ・ミュージックのみがこだわっていたアナログ盤や当時誰も見向きもしなかったカセットテープでのリリース形態を徹底し、わずか数年でそれらをフェチ化させたわけだが、この話はなかなか皮肉が効いている。というのも、金融崩壊後の夏に顕在化したこれらニッチなスタイルは、ネット上（ブログ上）で生まれたおそらく最初のムーヴメントであるがゆえに無視されるか既存のメディアから嘲笑されるかくらいの些細な出来事だったのだから。しかしながら、音の劣化したリヴァーヴと時代遅れのモードの再利用を美とするヴィンテージ感覚を有したローファイなレトロポップは、瞬く間に日本のインディ・リスナーの間でも注目され、一瞬の出来事ではあったが人気ジャンルとなった。4年前に『ガーディアン』はこのジャンルを「過去に逃避する世代の最初の兆候」と表現したが、だとしたら、たんなる参照元ではない、逃避先（ファンタジー）としての過去がいまも増殖しているという話である。

同じ頃、チルウェイヴの夏と併走する形で、ヒプナゴジック・ポップと括られた、これまた逃避性の強い、しかもより強固に屈折した音楽が同じ頃に台頭した。NYのジェイムズ・フェラーロほか、2010年前後に活躍した〈Not Not Fun〉周辺のLAアンダーグラウンドにおけるサイケデリックなアーティストたちこそ、それまでのUSインディの常套手段だったCDを捨て、限定のアナログ盤、限定のカセットテープ、限定のCDR（DVDR）に特化した作品リリースを展開した主犯たちだった。

〝ヒプナゴジック〟というタームは催眠領域における半分夢状態の感覚を意味しているが、フェラーロの『Last American Hero』（08）を聴いていれば、まあ、眠くなる。たしかにそうなのだが、しかしそれにも関わらずこのジャンルは、チルウェイヴ以上にのちの音楽のための地平を開拓している。ローファイなドローンやエキゾティカ、スクリュー、即興、そしてシンセサイザーによるニューエイジ・サウンドの合成。ことに意図的に劣化させた音響、

Burial
Rival Dealer
Hyperdub (2013)

32

ピッチシフトされたヴォーカル、80年代ディスコの幻覚的な再創造……これらはそのあとに続くヴェイパーウェイヴのひな形と言ってもいいだろう（フェラーロの08年の『Multitopia』を聴いてみよう）。

OPNからヴェイパーウェイヴへ

2009年のワンオートリックス・ポイント・ネヴァーの決定的な曲に〝Nobody Here〟がある。限定のDVDR作品『Memory Vague』の最後に収録された、「ここには誰もいない」という歌の断片がスクリューされただけの曲で、当時YouTubeで数ヶ月で3万回以上再生するヒットとなり、ヴェイパーウェイヴの聖歌となった。液晶画面を眺めながら部屋で何時間もひとりで過ごしている孤独なスリル、デジタル・メランコリアの皮肉と解釈できる曲だが、しかしダニエル・ロパティンがオンライン文化の過剰さと戯れ、ときにそれを楽しんでもいることは『Memory Vague』から『Returnal』（10）、『Replica』（11）までの作品を聴くとよくわかる。『Russian Mind』（09）や『Zones Without People』（09）のようなコズミックなシンセサイザー音楽をやりつつも、大学で図書館学を学んだ生粋のアーキヴィストたるロパティンは、やがて考古学からいかがわしいニュース、音のガラクタを蒐集し、作品の素材にした。ボン・イヴェールは60年代のひげ面のアメリカーナを復刻させたが、OPNは21世紀のWeb2.0以降におけるトラッシュ・アメリカーナを開拓したと言えるだろう。

さて、2011年といえば日本では東日本大震災の年として記録されるが、国際社会を見渡せば、アラブの春、オキュパイ・ウォール・ストリート、エジプト革命、ヨーロッパでも数多くの抗議活動があり、スラヴォイ・ジジェクに「うっかり夢を見そうになった」と言われた1年でもあった。当時のUSアンダーグラウンドはしかし、政治的プロテストからは乖離しつつも、名状しがたい恐怖、何かがおかしくなったという感覚を描写するようになった。もしくはその恐怖を受け入れ、むしろ弄んでいるようでもあった。デジタル時代への反動としてゴシックに走ったUKベース・ミュージックとは対極のエレクトロニック・ミュージック。OPNにおける皮肉は、ロパティンが時代錯誤のジャンクなサウンドとして採取したニューエイジを、数年後にはそれを真に受けたリスナー／プロデューサーまで現れたことだが、その話は省こう。こうした時代の節目において、もっとも忘れがたきジャンルといえばヴェイパーウェイヴだ。偶発的に生まれたとしか思えない、オルタナティヴのなかのさらにまたオルタナティヴであったこのマイクロ・ジャンルこそ「解釈」の賜物で、その熱量は議論の飛躍や広がりからもうかがえる。10年代前半にこれほど、しかも政治的かつハイブローな言葉を醸成した音楽はほかになかった。

それはヴェイパーウェイヴのかつてなかった形態（当初はすべて無料DLだった）と、そしてイリーガルで思わせぶりな、しかし突出した倒錯性に起因しているのだろう。

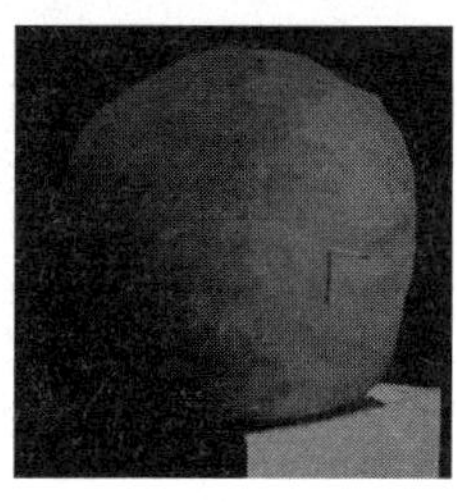

33

The Caretaker
An Empty Bliss Beyond This World
History Always Favours The Winners (2011)

ヴェイパーウェイヴは最初期のハウスにもあった不審さを有する、いわばグロテスクなラウンジ・ミュージックだった。しかもマッキントッシュ・プラスの音楽からは、消費者／企業人でいることでしかそこに存在することのできない場所、ショッピングモールないしはオフィスビルのロビー、再開発エリアといった不自然なほど清潔で小綺麗な場所における〝いかがわしさ〟も読み取れる。ヴェイパーウェイヴから漂う〝いかがわしさ〟は、悲惨なニュースとポルノ動画、ショッピングと他人の生活の覗き見に24時間いつでもアクセスできてしまうオンライン文化から漏れるそれであり、さもなければ液晶画面の向こう側の世界への耽溺と憎悪のようだった。

　概してヴェイパーウェイヴは、インターネットを舞台とする、有名なポップ・ソングをスクリューさせただけで得られる不気味さと快楽、十数秒のループが延々と反復するだけの退屈さとユーモア、いわば腹話術めいた気味の悪さ、すなわち非人間的で〝生きてはいない者たち＝幽霊たち〟の感情のこもっていない、それでいて惹きつけるものがあるというアンビヴァレンスの塊のような音楽だった。有名曲の加工というその成り立ちから、メインストリームになることが禁じられていたこのジャンルの代表作『フローラルの専門店』は、YouTubeにおいて数百万回以上というアンダーグラウンド音楽としては異例の再生回数を記録している。

「未来は幽霊のものでしかありえない」とはジャック・デリダの言葉だが

　経済的に衰退した日本において、80年代は良かったと言っている大人は、その頃の未来が失敗したから現在になっているとは考えない。人の（時間）認識とは、かようにいい加減だったりする。思想家のマーク・フィッシャーとサイモン・レイノルズは、「過去が現在に取り憑いているという感覚」をホーントロジー（オントロジー＝存在論のもじり）と呼んだ。フィッシャーはベリアル（Burial＝埋葬）を愛したが、それはその音楽が過去の遺物のモンタージュであり、メランコリアというよりは喪に服していると感じたからである。たとえばノスタルジーは、我々の消費生活のなかに大きな居場所がある。ところが喪の音楽は、我々が当たり前だと認識している世界の外側にある。フィッシャーはそう考え、そこに可能性を見出し、深いエレジーもまた現在のしがらみから逃れる要素であると関心を寄せた。10年代の音楽文化に多大な影響を与えたフィッシャーだが、ここではその代表的な使徒、ザ・ケアテイカーを取り上げたい。

　フィッシャーが好んで引用した映画『シャイニング』の、過去に憑かれたホテルの管理人からプロジェクト名を取ったザ・ケアテイカーことジェイムズ・レイランド・カービーの音楽は、滑らかでセピア色のノスタルジアだが、それはもの悲しく、奇妙な停滞感および倦怠感が漂っている。16年からはじまった同名義による『Everywhere At The End Of Time（時の終わりのあらゆる場所で）』シリーズ

Dean Blunt & Inga Copeland
Black Is Beautiful
Hyperdub (2012)

34

には記憶障害の進行（あるいは感情の衰退）というテーマがあり、その独特なムードは亡霊と生きてしまうノスタルジアの異様さを喚起させもする。もっとも、亡霊と一緒に生きたほうが良いという考えもあるだろう。文化が停滞したって知ったことではないと。スタンリー・キューブリックは、映画のなかでその管理人を、ある種の狂気として描いているが、そもそもノスタルジアとは19世紀のある医師が考案した病の名称なのだ。しかしそれは、世界の変化のスピードが速まり、過去へのノスタルジーが強まった20世紀の半ばには、病ではなく感情に分類された。あるいはそれは、社会全体のムードとしての、新しいモノへの反動的な憧れともなった。ザ・ケアテイカーは『An Empty Bliss Beyond This World（この世を超えた空虚な至福）』（11）をはじめとする諸作で、いまだMP3化されていないと思われる第二次大戦前の、パチノイズだらけの78回転のボールルーム音楽をループし、心地よさげでありながら薄気味悪いという二重性をうまい具合に表現したのである。

　ここでぼくはハイプ・ウィリアムスについても触れておかねばならない。彼らは、偽名と偽装と虚言によってフェイクの時代を先取りしたのかもしれないが、インガ・コープランドとディーン・ブラントの研ぎ澄まされ方は、それ以上に、思考回路をショートさせ、意味を陳腐化することに向けられた。強大で、内蔵に響くサブベース、蒸気のように気化するエレクトロニック・ノイズ、激しく点滅する照明、本人たちの登場はいっさいなく、しかしいったいこの先どうなるのかというゾクゾクとした感覚……。２０１２年代官山ユニットでのライヴ・パフォーマンスは、何度も書いてきたように感動的だった。ふたりは、斬新かつ圧倒的な音楽性をもってオーディエンスを世界の外へと連れ出したのである。

　石川淳の短編に「アルプスの少女」というパロディ作品がある。人びとは戦争に巻き込まれ、ボロボロになったクララとペーターはハイジに会いにアルプスの山を登るが、しかしそこにはもうハイジもおじいさんも犬もいない。そしてハイジの不在を理解したクララはペーターの手を取って瓦礫の街へと向かう、というところで話は終わる。しかしフィッシャーのいう『資本主義リアリズム』（09）は、なんとしてでも人びとを瓦礫の街へは向かわせず、永遠にハイジの幻影を追い続けさせようとする、ということでもある。

　音楽学者アダム・ハーパーの要約によれば、「加速主義とは、資本主義がもたらす文明の溶解に抵抗すべきではなく、抵抗することなどできないという考え方」だそうだ。蛇足ながら言うと、マーク・フィッシャーが欧米の音楽において共感を得た大きな理由は、加速主義を乗り越えようとした左翼的知性とその理論にあるのだろうけれど、まずは庶民が愛する文化（大衆音楽・映画・文学・TVドラマなど）への期待を彼が情熱的に持ち続けたからだとぼくは思っている。難解な音楽からではなく、彼はゴールディーやトリッキーやジョイ・ディヴィジョンのような音楽のなかから、良き未来へのヒントになりうる理論を懸命に抽出したのだ。

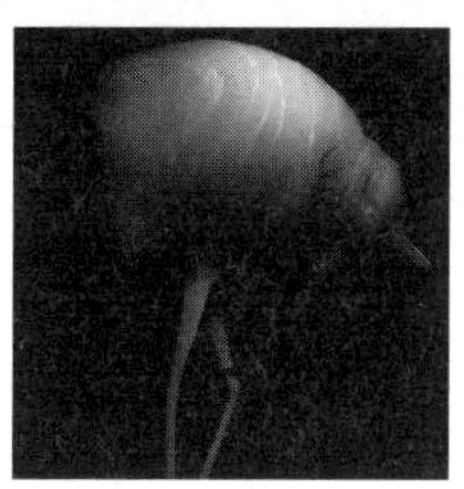

Arca
&&&&&
Hippos In Tanks (2013)

35

フットワークの衝撃

シカゴのフットワークの衝撃は、音楽の世界、アートの世界、文化系の世界であらかじめ用意されている席になんぞは目もくれず、ひたすら踊ったことだった。あのすさまじいリズムは、「ぼくたちもその仲間にいれてください」などとは言っていない。「俺らはあんたらの世界とは別の場所で楽しむんで！」と言っている。どこかの不良が、既存の評価枠に収まるというよくあるサクセスストーリーではないのだ。これもまた我々が考えうる世界の外側からやって来るものだった。サン・ラーもリー・ペリーも世界の内部では笑い者でもあったこと、デトロイト・テクノが当初ブラック・ミュージック愛好家たちから嫌悪されたことを思い出せばいい。アフロ・フューチャリズムの本質はここにある。

ナルシズムの復権とアルカ革命

言うまでもなく、10年代を語るうえでアルカを無視することはできない。２０１３年の異形のエレクトロニカにおける『&&&&&』の不快感には、自らの身体を変えることを切に願う感情が脈打っているのだろう。そして事実、アルカは自らを変異させてしまった。アルカは保守勢力にとってのパンドラの箱をおおっぴらに空けてしまったのだ。アルカの功績は、音楽における組み替え作業のダイナミズム、そのあとに続いたクイア音楽の攻勢からもわかる。やがて社会は保守化し、きつくなる一方だったが、だからこそ10年代はとくにその後半から、ソフィーやイヴ・トゥモアをはじめとする監視への抗いのごとき奔放なナルシズム、グラマラスかつ官能的で、退廃的かつイメージ豊かな音楽が際立っていたように思う。

シティポップは世界で大流行していない

２０１０年代で頭にきたことのひとつは、「世界で大流行のシティポップ」というフレーズである。世界で大流行した音楽というのは、ダンスホールやレゲトンのような音楽を言うのではないだろうか。だいたい『Pacific Breeze』（19）なる編集盤にはキング・オブ・シティポップこと山下達郎がいないし、『Kankyō Ongaku』（19）ほど評判になってもいない。とはいえ、シティポップがこの島国から飛び出たことは真実だ。YouTubeの普及がニッチな趣味を増殖させているのだ。いまや流通も配信もない音楽作品が聴けるようになり、アルゴリズムに乗れば再生回数も増え、吉村弘の『Green』や松原みきの〝真夜中のドア〜stay with me〟のようなことにもなる。その恩恵で、フィッシュマンズや坂本慎太郎だって海外のいろんな国でファンを増やしている。そんなわけで、10年代は過去に例がないほど、じつに多くの日本の音楽が国際舞台で注目され、吟味された。海外レーベルからリリースされたリイシュー盤の数がそのことを物語っている。

Various
Bangs & Works Vol.1: A Chicago Footwork Compilation
Planet Mu (2010)

36

NYの〈Palto Flats〉は高田みどり『鏡の向こう側』や清水靖晃『案山子』、マライアの『うたたかの日々』といった当時まともに評価されなかったアルバムをリリースし、日本再発見のきっかけを作った。シアトルの〈Light In The Attic〉は吉村弘の『Green』や細野晴臣の4枚のソロ・アルバムを、オランダの〈Rush Hour〉は寺田創一の諸作をはじめ坂本龍一の『千のナイフ』や吉田美奈子のシングルほか、スイスの〈WRWTFWW〉は高田みどり、清水靖晃、イノヤマランド、佐藤聰明、濱瀬元彦、尾島由郎、芦川聡らの作品をリイシューし、ロンドンの〈BBE Music〉は2018年に「J Jazz Masterclass Series」プロジェクトを始動させ、すでに15枚以上の〝和ジャズ〟アルバムの再発を果たしている。

ナードなところでは80年代の日本の歌謡曲にも触手が伸びているが、ヴェイパーウェイヴにおける日本語の乱用に見られるように、海外における日本に対するエキゾティシズムはいまだ根強い。きゃりーぱみゅぱみゅもパフュームもほかにもいろいろその手のオタク層に人気だ。また、経済的に衰退した現在だからこそだろうか、『ニュー・ロマンサー』や『ブレードランナー』、あるいは『アキラ』で描かれた日本への倒錯的な幻想もある。ただやはり、日本人にとっては高価で買えない和物の中古盤を「安い」と言って複数枚買っていく旅行者の姿を見るにつけ、「いったい自分はどんな国に住んでいるのだろうか」と複雑な心境になってしまうのはぼくだけではないだろう。（ちなみに2010年の円の為替相場は90円代で、それ以前の相場はだいたい120円台）

そしてみんなインターネットが嫌いになった

音楽批評でよく参照される代表的な本は以下の4冊。イーライ・パリサー『フィルターバブル——インターネットが隠していること』（原書は11年）、ジョナサン・クレーリー『24／7：眠らない社会』（原書は13年）、ジャレット・コベック『くたばれインターネット』（原書は16年）、Angela Nagle『Kill All Normies（ネット民は皆殺し）』（17年）。なお、未来への恐怖を知りたければ、エリザベス・コルバートの『6度目の大絶滅』（原書は15年）を読めばいい。ピューリツァー賞を受賞した同書は、2017年に『ガーディアン』が選んだベスト・ノンフィクション100冊の1位にもなっている。いや、これを読むと本当にショックを受ける。

アナログ盤がなぜ重要か

ぼくの家にはサン・ラーのCDだけで20枚以上ある。大部分は90年代に〈エヴィデンス〉というレーベルが〈サターン〉作品をごそっと再発したときにまとめて買った。〈ESP〉盤は中古で見つけやすく安価なので、こつこつアナログ盤で揃えた。『ザ・マジック・シティ』はジャケットが鮮やかだったので、〈インパルス〉盤を購入した。『Space is the Place』のVHSも『Nothing Is...』のオ

Various
Kankyō Ongaku (Japanese Ambient, Environmental & New Age Music 1980 - 1990)
Light In The Attic (2019)

37

リジナル盤も、買ったときの状況を思い出すことができる。そんなわけでサン・ラーの秘密の世界を探索するには、それなりの代償（時間と金と労力）を要した。クラウトロックやレゲエもそんな風に揃えていったものだが、いまではスポティファイの画面をスクロールするか、さもなければ過剰記憶装置のYouTubeを検索すれば済む話なのだ。それがじつに悔しくもあり、不幸な状況にもあると思う。昔のレコード・コレクター文化には、とりあえず信念があり、人との関係があった。どきどきしながら中古盤店に入って、今日こそそれに出会えるかもしれないというロマンがあった。『ザ・マジック・シティ』の見開きジャケットにある神秘的な写真を眺めながら、妄想をフル稼働させてその音楽に没入することもできた（『ブルース受容史』のような本はこの先生まれるのだろうか）。

以下はひとつの仮説。リスニング体験の奪回もあるのだろう。現代には「スロー・ミュージック」という合言葉もあって、情報に惑わされず、自分が好きな音楽をじっくりと聴くというスタイルに戻ろうという話だが、近年のアナログ盤ブームを、音楽作品と自分との繋がりを取り戻したいという欲望の表れと見なすこともできるのではないだろうか。アナログ盤やCDのほうが配信より音が良いのは当たり前で、しかしたとえ家に再生装置がなくてもレコードを所有することで音楽と自分との繋がり、ないしは自分のアイデンティティを物質的に確認できる。子どもじみているかもしれないが、だとしたらいまでも音楽は、なにか特別なものとして存続しようとしていることでもある。個人的にもそうであって欲しいと願っているが、それにしても……新譜のアナログ盤の値段は庶民にとってあまりにも高い。

音楽市場の変化

テッド・ジョイアというアメリカの音楽評論家のレポートから。2020年にアメリカでおこなわれた調査によると、音楽作品の消費において65％が過去のカタログ、35％が新作（過去18ヶ月にリリースされた作品）。それが2021年にはおよそ70％がカタログで、およそ30％は新作。この2年に限って言えば市場の成長は古い曲からもたらされていることになる。こうした傾向は、大手メジャーがかつては新人発掘のために使っていた予算を過去の出版カタログの買収に回している事実からもうかがえる。さらにまた、これがたんにコロナ禍だったという理由でもなさそうなのが、次のデータだ。

2011年のアメリカ国内におけるグラミー賞のテレビの視聴者数はおよそ4千万人、2016年には2千500万人。それがなんと2021年には880万人。人びとが新しい音楽への関心を失うことはないのだろうし、グラミーへの関心の減少がそのままメインストリームの弱体化と言えるかどうかは議論を要するところだが、比喩的に言えば、止めどない細分化はメインストリームさえもニッチのひとつにしようとしているのかもしれない。

「新しい音楽は、いつももっとも期待されていない場所

RAINBOW
DISCO
CLUB

Kanye West
My Beautiful Dark Twisted Fantasy
Roc-A-Fella (2010)

39

で、権力者たちが注意を払わないときに発生する」とジョイアがいうように、たしかに2010年代の新しい音楽も「期待されていない場所」（小さなクラブやオンライン上）から生まれている。

巨匠たち、もしくは大衆運動と音楽

2010年代でもっとも評判を落とした巨匠ふたりといえば、言うまでもない、モリッシーとジョン・ライドンだ。2019年7月、UKの「クワイエタス」において評論家のデイヴィッド・スタッブスは「モリッシー好きの友人を捨てるときが来た理由」という手厳しいエッセイを寄稿している。ザ・スミスが80年代のカウンター・カルチャーの一翼を担い、左派であることは訊くまでもない当然のことで、まさか〝マーガレット・オン・ザ・ギロチン〟を歌った男がのちに排外主義の極右政党を支持することになるとは誰もが思いもしなかった未来である。同様に、ジョン・ライドンがトランプ支持を表明するなど信じがたい悪夢でしかない。ぼくのような、彼らに特別な思い入れがある人間にとっては直視したくない現実、ほんとうにつらい話だった。（巨匠ではないが、ここにアリエル・ピンクも入れるべきだろう）

しかしその他方では、2010年代はブライアン・イーノや坂本龍一のような巨匠のがんばりも記憶に新しい。前者はUKにおいて左派政治活動をサポートし、後者は反原発活動を推し進め、両者ともに環境問題に注力した。60年代の精神を知る世代のなんと精力的な活動だったことか。この間残した音楽作品も、彼らのそうした情熱と連動している。これから何十年経とうが『The Ship』(16)や『async』(17)のような作品は聴かれ続けるに違いない。

さらにここで、スリーフォード・モッズを挙げておきたい。名も無い地方都市を舞台に、四十路を過ぎた男が田舎くさいアクセント丸出しで、後期資本主義社会の冷酷さへの怒りをわめき散らした音楽にUKメディアおよびリスナーが心を動かされたことは、イギリス社会がいまだ古風な趣を残していることの表れなのかもしれない。ラップやグライムを除くと、インディ音楽の多くがホワイトカラー化している今日、スリーフォード・モッズには勘違いかもしれないがやってやろうという、かつてロックにあった「反抗」、ないしはブルーカラー的な気概がある。ジェイソン・ウィリアムソンやビリー・ノーメイツの音楽を聴いていると、スピーカーから酒臭い息まで感じることができるが（実際にはジェイソンは断酒している）、それは時代遅れの愚かさなのか、飼い慣らされていない人間の生気なのか。いま活躍中のUKの若いインディ・バンドたちがスリーフォード・モッズに好意を寄せているのも、彼らの政治性というよりは、未来の行方にとって大切なものが彼らにはあると感じているからだとぼくは思う。2020年に永眠したアンドリュー・ウェザオールは、つねに古くて新しい男だった。

政治がらみの話でもうひとつ。日本では3・11への反応として、七尾旅人『Little Melody』(12)や寺尾紗穂『青

Grouper
Paradise Valley
Yellow Electric (2016)

40

い夜のさよなら』（12）、踊ってばかりの国〝セシウム〟（12）等々、いくつかの印象的な音楽を生んでいるが、10年代は#BlackLivesMatterとして知られることになる21世紀の草の根的な黒人解放運動が国際的にも注目され、音楽文化もこのムーヴメントに呼応した。カニエ・ウェストの内なる妄想と混乱の産物『My Beautiful Dark Twisted Fantasy』にはじまった10年代だが、ディケイドの中盤には、21世紀のブラック・プロテスト・ミュージック黄金期の到来を思わせるような出来事が相次いでいる。ディアンジェロのマニフェスト的な『Black Messiah』（14）、ケンドリック・ラマーの非の打ちどころのない『To Pimp a Butterfly』（15）、メガスター・ビヨンセによるスーパーボウルにおけるブラック・パンサーを引用した勇敢なパフォーマンス（16）、ジャネール・モネエのSF的な表現を用いた反骨精神、アンダーグラウンドではムーア・マザーの『Fetish Bones』（16）。運動の絶頂期にリリースされたピンク・シーフの『Negro』（20）やスピーカー・ミュージックの『Black Nationalist Sonic Weaponry』（20）。

もっとも現代とは、以前にも増して政治意識の高い社会だ。フェミニズムが商品PRにもなりうるほどに。幸いなことに、自分のリスニング生活においてはそれを嫌みなく感じることもできた。個人的には、2010年代におけるもっとも大きな変化は、女性アーティストの作品ばかりを聴いていたということにある。家にあるCDやレコードを見ると、ローレル・ヘイロー、コリーン、クライン、ソランジュ、ローラ・キャネル、ムーア・マザー、ジュリア・ホルター、ジュリアナ・バーウィック、アースイーター、ジェニー・ハヴァル、インガ・コープランド（ロリーナ）、ジェイリン、ホリー・ハーンドン……。気に入った作品の作者に圧倒的に女性が多くなったということだが、ぼくがこのディケイドで最初に強く惹かれたのは無政治的で、悲しみを隠さなかったグルーパーの諸作だった。彼女はデジタル機材をいっさい使わないどころか、ダニエル・ロパティンでさえ見向きもしないような、もっとも安価なカセットレコーダーとミキサーとギターを使って、過去の参照には頼らない、いまどき珍しい主観的な表現によって新しい音楽性を提示した。

立ち上がれ、響け、前へ、水辺へ
波の鼓動と出会うために
ある種の休戦協定を結ぶ
　　グルーパー〝I'm Clean Now〟（16）

2010年代の音楽のいくつかは、2023年のいまもその意味を失わず、時代に問い続けている。

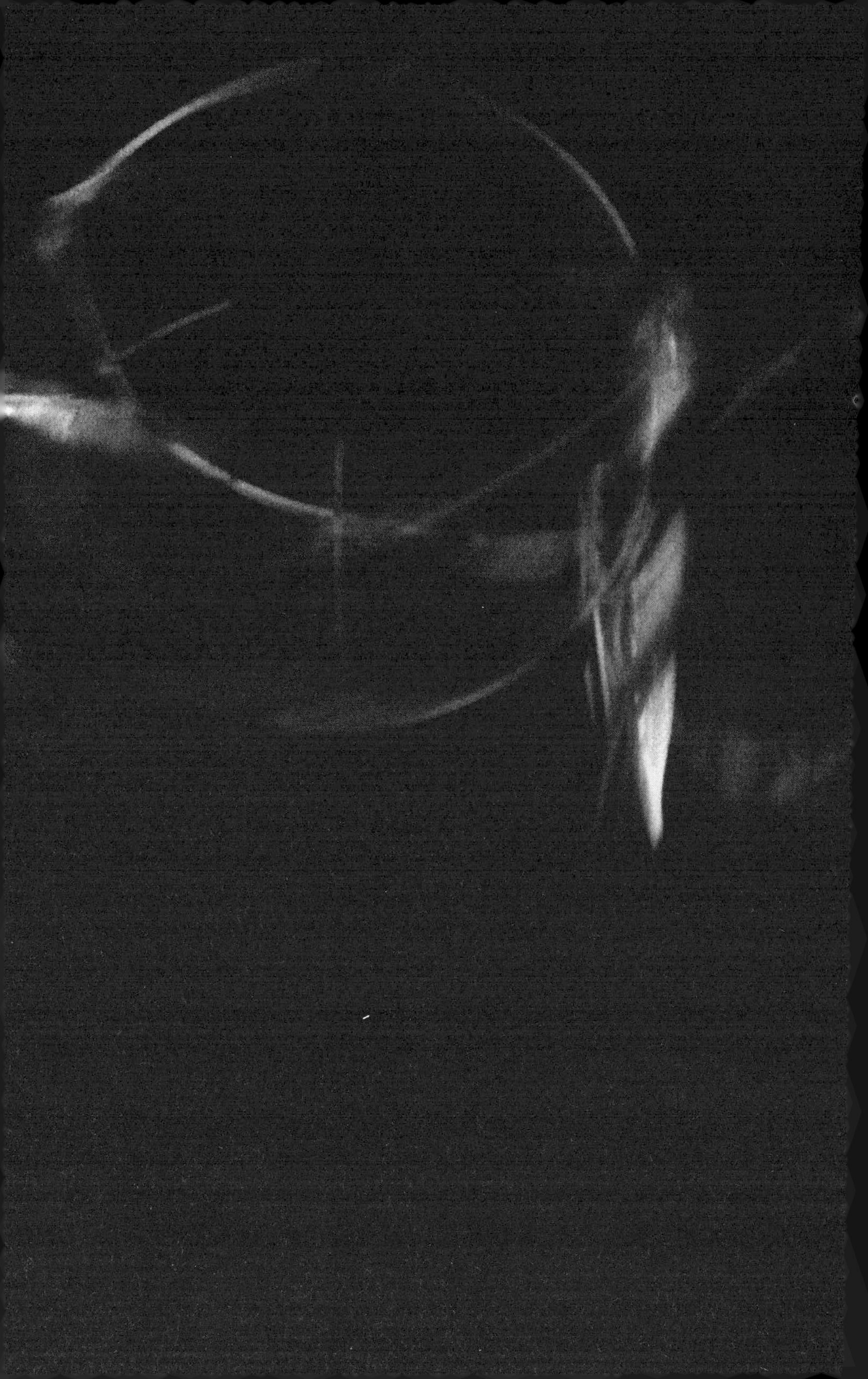

オバマ政権以降の、２０１０年代のブラック・カルチャー

文　緊那羅：デジラ
written by Kinnara: Desi La

NY出身、東京在住。電子音楽家／3Dアーティスト／グラフィックデザイナー。
https://kinnara-desila--afrovisionary-creations.bandcamp.com/

訳　野田努
translated by Tsutomu Noda

43

２００９年、米国史上初の黒人大統領としてオバマが政権に就くまでの道のりは、暗い時代からはじまった。アメリカ国内でのテロ攻撃による悲しみ、ふたつの不必要な対外戦争、その戦争を引き起こした政府の嘘、そして信仰への疲労。アメリカ人が「Yes, we can」に投票したとき、希望は、世代間の重荷からようやく抜け出せるかもしれないという楽観主義の波に乗った。

50州のテレビで毎晩放映されるオバマの姿は、東西南北の黒人に活力を与えた。オバマの歴史的勝利を導きの光とした２０１０年代初頭の歴史的な空気は、黒人のクリエイターたちが人種差別の枠にとらわれず、しばしば人種差別をまったく認めずに創作することに自信を持つようになった。ジャンルを超えたクリエイティヴィティが雪崩のように押し寄せ新たな世代交代はタイラー・ザ・クリエイターで、彼は『Goblin』（11）で地球を祝福した。オッド・フューチャーのメンバーがリリースしたこの作品は、衝撃的な歌詞で注目と嘲笑を集めた。だが、タイラー／オッド・フューチャーの美学は、シリアスなラップ・スキルと陽気なカリフォルニアの明るい色のファッション／DIYのアート・センスを融合させ、新時代の若者文化の爆発をうながした。タイラーの新しいパンクの美学は、ラップとステージ・ダイビング

Tyler, The Creator
Goblin
XL Recordings (2011)

44

が融合したオフ・キルターなコンサートでも、ファンが黒人の新しいヴィジョンを求めているスカトロジカルなTumblrの宇宙でも反響を呼んだ。カニエはタイラーのすぐ後に続き、彼のもっとも大胆な芸術的声明である『Yeezus』（13）を発表した。インダストリアルかつ衝撃的なアフロフューチャー的グルーヴは、カニエがパフォーマンスで着用した、ファッション界の巨匠メゾン・マルジェラ制作によるクリスタルをちりばめたマスク、オフホワイトのレーベル責任者であり、２０１８年にルイ・ヴィトンのメンズウェアで初の黒人アーティスティック・ディレクターとなったヴァージル・アブローが手掛けたモダンなミニマル・カチューシャのデザインにも等しく表れている。

　オバマ政権がアメリカ黒人に与えた精神的な安全性は、それまで沈黙していた疑問を声高に問いかけることを可能にした。『アトランティック』誌や『NYタイムス』、その他多くの有名な出版物で活躍する才能あるライター、タナハシ・コーツ（Ta-Nehisi Coates）の登場だ。２０１４年、タナハシ・コーツが寄稿した「The Case for Reparations」は『アトランティック』のカヴァーストーリーを飾り、かつてないほどの議論の嵐を全米に巻き起こした。かつて白人の奴隷所有者は、奴隷だったアフリカ人を解放したことによる経済的損失に対しての寛大な賠償金を与えられてきた、という歴史がある。しかし、黒人は何も受け取っていない。コーツは翌２０１５年、ベストセラー『世界と僕のあいだに』で、人種差別社会における生き方について、黒人男性が息子と交わした会話を紹介しながら、人種に関する率直な議論をさらに深めた。これらの作品によって、黒人社会についての議論がポッドキャストやテレビ番組そして個人的な会話をふくめ、全国規模で広まったのだ。

　ただし、私たちがここまでたどり着いたのは、より大きな悲劇があったからだ。２０１２年２月26日、17歳のトレイヴォン・マーティンが殺害され、

Childish Gambino
This Is America
RCA (2018)

45

その犯人が無罪となったことで、黒人の不満は想像を絶するほど燃え上がり、ネット上では#BlackLivesMatter（黒人の命は大切だ）というシンプルな叫びがネット上で起こった。この静かな叫びは、巨大なフラストレーションを経て、分散化した社会運動となり、アメリカ各地で抗議デモを引き起こした。その後数年間、警察による黒人市民への暴力が続いても、BLMは人びとの舌の上に残り続けた。

　オバマ大統領在任中に起こったことは、人気のある黒人大統領が在任する一方で、黒人を殺害した犯人は野放しにされているというシュールな二重現実に拍車をかけたことだった。そこで、チャイルディッシュ・ガンビーノのドナルド・グローヴァーが手掛けたコメディ・ドラマ・シリーズ『アトランタ』が2016年にはじまる。これは、全米でもっとも黒人の多い都市のひとつでのカフカエスクエルのような生活を描いたユニークなヴィジョンが安らぎを与え、人気を獲得した。現実としてのエキセントリックさがこのシリーズのモチーフであり、シンプルで親しみやすいキャラクターのアークが、野心的でオフキルターなユーモアに引っ張られ、可笑しく、痛烈で、ミステリアスでもあった。

　『アトランタ』は、来るべき黒人映画のルネッサンスへの大きなさざ波に過ぎなかった。このドラマがシュールレアリスムでやったことを、大作『ゲット・アウト』（17）はホラー・ジャンルでやってのけた。白人至上主義に敗れた黒人たちがよく知る煉獄は、ついに「沈んだ場所（the sunken place）」（訳注：制度的、組織的な人種差別の上に築かれた社会で黒人が経験する無力感や被支配のメタファー）と命名され、黒人の恐怖がスクリーン上で再構築された。ほかにも素晴らしい映画が続いたが、『ブラックパンサー』（18）の公開で海は分かれた。世界の文化的景観を完璧に変えるような映画は、一生に一度あるかどうかだ。西洋列強を圧倒するアフリカのスーパーヒーローを描いた荘厳な映画であることに加え、この映画は黒人社会に比類

Beyoncé
BLACK PARADE
(2020)

46

ないほどの自信を広め、あらゆる年齢層がワカンダを信じるべき本物の祖国だと感じて団結して腕を組むよう鼓舞した。

この自信の津波は、2020年にジョージ・フロイドが「息ができない」と喘ぎながら殺害された後、多くの人びとが参加しようとした抗議の度合いを変えた。ミネソタ州ミネアポリスから、憤怒は沿岸から沿岸へと広がり、ときには文字通り国を燃え上がらせた。BLM抗議デモは世界を震撼させ、黒人に対する人種差別と刑事司法制度の不正義を直視するよう要求した。あらゆる人種に関する激しい対話が、この10年間を席巻した。

この抗議活動は、「セントラル・パーク・ファイヴ」と呼ばれる5人の無実の黒人少年を集団レイプの罪で刑務所送りにした警察の腐敗に焦点を当てた、エイヴァ・デュヴァネイ制作の壮大なNetflixシリーズ『ボクらを見る目』(19)に引き継がれた。チャイルディッシュ・ガンビーノ(アトランタのドナルド・グローヴァー)による力強いミュージック・ヴィデオ「ディス・イズ・アメリカ」(18)がその率直な暴力性で多くの人々びとに衝撃を与えたのと同じように、刑務所制度の悪辣さは国の社会意識に刻み込まれた。

意外なことに、BLMを直接取り上げた黒人音楽はほとんどなかったが、2020年の夏には注目すべきリリースがふたつあった。ファレル/ジェイ・Zの〝Entrepreneur〟とビヨンセの〝Black Parade〟だ。奴隷解放を祝福するジューンティーンス(訳注:6月19日は奴隷解放を祝う祝日)にリリースされた〝Black Parade〟は、ネガティヴなことを論じるのではなく、クルチャのモラルを高めることを目的としていた。この楽観主義は、10年の幕開けを同じように締めくくった創造性の爆発を反映している。

カニエ・ウエストの預言——恩寵からの急降下

文　ジリアン・マーシャル
written by Jillian Marshall

NY在住。著作に『JAPANTHEM: Counter-Cultural Experiences, Cross-Cultural Remixes』（Three Rooms Press: 2022）。https://wynndaquarius.net/

訳　五井健太郎
translated by Kentaro Goi

シュルレアリスム研究。訳書にマーク・フィッシャー『わが人生の幽霊たち』、ニック・ランド『絶滅への渇望』など。

photo by MERT & MARCUS

『聖書』における預言者たちは、神のための伝達者として働き、未来の出来事を予見して、彼らが生きる地上の時のなかでは誤解されながら、大抵の場合そのメッセージの殉教者になる。西欧世界で一番有名な預言者といえばいうまでもなくジーザス・クライスト［＝イエス・キリスト］だが、カニエ・ウエストは、〝Jesus Walks〟の頃から『Jesus is King』へと至り、さらにその先に向かうまでずっと、そのジーザスを偶像扱いしてきた。二〇年近くに及ぶカニエのディスコグラフィーに見られる音楽的な進化——それ自体が芸術を模倣する人生（あるいは人生を模倣する芸術）だといえるもの——を検証してみると、じっさいのところそこには、預言者に**なること**というカニエの自己充足的な預言があることが分かってくる。だがジーザスと違っているは、カニエの方は自分で自分を磔にしたということだ。

伝達者

以前のカニエの音楽は、めちゃくちゃにハッピーなものだった。プロデューサーからラッパーへと移行したときのカニエは、一人の部外者だった。彼は東西の海岸のどちらにも属していなかったし、ギャングスタでもなかっ

48

た。だけど彼は、そうしたシーンに認められるための奮闘そのものを利用し、「大学中退者（ザ・カレッジ・ドロップアウト）」という仮面によって自身のアイデンティティを（そしてそのファースト・アルバムを）作りあげることを選んだのだった。

　またそんなふうにして起源の神話が語られていることを超えた先で、『The College Dropout』（04）というアルバムを際立ったものにしているのは、それがもっているメッセージを伝える力だ。カニエは型どおりのラップの素材を避け、その代わりに個人的な価値観をシェアしている。たとえば〝Jesus Walks〟において彼は、以下のとおり、（文字どおりの）福音（ゴスペル）を広めようという明確な意思表示をしている。「俺たちラッパーは手本になる存在だ［……］。俺は主（しゅ）の顔つきがどうだとか議論するつもりはない／無神論者を信者に改心させたいわけでもない／ただ学校には教師が必要なように［……］俺にはジーザスが必要なんだ」。同時にカニエは、たんに神の言葉だけではなく、自分がシーンに到来したことを告げようと熱望してもいた。〝Through the Wire〟で彼は、「俺はチャンピオンだ」と宣言する。「だから俺は悲劇を勝利に変えた／音楽を作る、それは炎、どこまでも全力［＝ワイアーをつうじて：through the wire］で魂をスピットする」［同曲は交通事故の結果ワイアーで顔面を固定されているときに書かれたものだった］。

　つづく『Late Registration』（05）は、前作の完璧な続編だった。音楽やポップ・カルチャーのジャンルを超えていく見事なコラボレーションの一覧を誇るこの作品は（〝Heard 'Em Say〟にはアダム・レヴィーンが、レイ・チャールズを上手くサンプリングした〝Gold Digger〟には映画『Ray』での演技が話題になったばかりのジェイミー・フォックスが参加している）、ヒップホップ・ゲームのなかにおける真剣なプレイヤーとしての彼の地位を確固たるものにした。ラッパーに求められるような主題にかなう内容に一応の目配せがされているとはいえ（いうまでもなくカネと女のことだ。だがた

49

Kanye West
My Beautiful Dark Twisted Fantasy
Roc-A-Fella (2010)

とえば〝Gold Digger〟では、そこに新鮮なユーモアが添えられている)、その大半において『Late Registration』では、彼が『The College Dropout』で作りあげたまったく健全なストーリーテリングの伝統が継承されている。

まず、誇張でもなんでもなく、彼という男はそのなかに、自分の母親への愛を告白する曲を入れている。また『Late Registration』では、(初期の)カニエがもつメッセージを伝える力のもう一つの鍵があきらかになっている。ソウルの影響が強いサンプリングと、遊び心のあるリリシズムの両面からくる、感染力をもったポジティヴさがそれだ。まさに伝染性のある曲である〝Touch the Sky〟でカニエは、この点を他のどこより上手く表現している。「どんな奴であれ俺は、悲観主義者とは話さない/それに俺のアパートには電話も置いてない」。特筆すべきなのは、この曲のMVでカニエが、雲のような背景の前で両腕をいっぱいに広げ、ジーザスのようなポーズを——このヴィジュアルは数年後の〝Bound 2〟のMVのなかで見られる姿を連想させる——していることだ。

だがつづく『Graduation』(07)の発表までにルイ・ヴィトン・ドン〔初期のカニエが用いた自身のニックネーム〕は、『The College Dropout』でのアイデンティティを引退させ、次に来るものを受けいれるための準備を整えていた。夢に向かって突き進み(「いまこそ俺はやってやる、俺は輝きはじめた」〝Good Life〟)、状況に打ち勝ち(「生きてるより死んだ方がマシだって思うときもあるけど/俺からすりゃ挑戦するより諦める方が大変だぜ」〝Champion〟)、成功を収めた者(「俺はスターだ、どうやったら輝かずにいられるっていうんだ?」〝I Wonder〟)のサウンドトラックとして、『Graduation』は自分と同じようにやるようにと、リスナーの背中を押している。じっさいこのアルバムは楽観主義を祝うもので、そのバイブスには感染力がある。『Graduation』がドロップされたとき私はシカゴ大学の学部生

50

だったが、サウス・サイドを行き交う車はみな、ポジティヴなメッセージを伝える力をもったこのアルバムのご機嫌な曲の数々を、次から次に爆音で流していた。だけどそこからカニエの母が亡くなり、けっきょくのところ彼の約束は、破棄されることになった。

予見者

控えめなドラムマシーンのビートと、どこかで聴いたような子守唄を連想させるオートチューンのかかった憂鬱なメロディからなる『808s and Heartbreak』（08）は、『Graduation』がもつ青々と茂る陽の部分にたいする、荒涼とした陰の部分だ。この作品のリリースまでに多少なりとも音楽面での粗探しに晒されてきたカニエは（彼は〝Jesus Walks〟をリリースするときの諍いにその曲自体のなかで触れ、「奴らは何をラップしてもいい、ただしキリストのこと以外は、と言ってきやがる」とラップしている）、『808s』によって新たな領域の輪郭を示している。つまりカニエはこのとき、予言者へと進化したのだ。その予言は、ポップ・ミュージックの美学の境界線にかんするものであると同時に、彼自身のキャリアにかんするものでもあった。カニエが予言的な力をもっていることは、『808s』のリリースの時点ですでにじわじわと知られていた（『Graduation』のなかでカニエは、「お前はいまでも、そうありたいと願った自分になれる／それは過ぎたことじゃない、直感ってのはそういうもんなんだ〝I Wonder〟」と指摘している）。だけど大衆の趣味をキュレートする新たなレファレンスとして、『808s』のサウンドはあまりに先見的だったため、はじめは疑いをもって迎えられることになった。とはいえけっきょくのところそれは、一〇年に一度の重要な作品だと賞賛されることになる。そこに収録されている〝Heartless〟は、史上最高の別れの曲の一つだといえる。

Kanye West
Yeezus
Def Jam (2013)

51

だからけっきょく、苦くもあり甘くもある意味で、『808s and Heartbreak』は一つの前兆なのだ。つまりそれは、（壊れているとはいえ）傷つきやすく率直なカニエの心を目にすることができる最後の機会であり、あらたに見いだされたより広がりのあるアーティストとしてのヴィジョンに彼がコミットしはじめたことの——そしてそのために彼が直面しつづけることになる戦いの——表現であり、そして同時にまた、やがて「オールド・カニエ」として知られることになるものへの先取りされた哀悼でもあるのだ。じっさい、彼の評判を急落させることになった、MTVヴィデオ・ミュージック・アワードでのテイラー・スウィフトにたいする「ちょっと俺に喋らせてもらおう」事件は、『808s』から一年足らずで起きたことだった［09年の同アワードで、カニエがスウィフトの受賞スピーチを遮り、最優秀女性ビデオ賞はビヨンセが取るべきだったと発言したことを指す］。

『My Beautiful Dark Twisted Fantasy』（10）は、完璧な追い撃ちになった。そこでは、根本的に新しい方向へと向かっていくまた別の激しい転回が生じていた。カニエは、『Late Registration』を思わせるヴェルヴェットのような豪華なサウンドだけでなく、その根本からジャンルを横断するコラボレーションやサンプリングとともに還ってきて、自らが卓越したキュレーターであり、パイオニアであることを（あらためて）世間に認めさせた。じっさい『MBDTF』は、広く傑作だと見なされることになった。あの『Pitchfork』でさえ、このアルバムにたいして、同サイトとしてはひじょうに珍しく10点満点の評価を与えた。このアルバムでカニエが、悪名高い当時の自身の姿を繰りかえし認めていることは——この傾向がもっとも顕著な曲は“Runway”だろう——、ソーシャル・メディア上での姿がたえず物議を醸していたことや、ヴィデオ・ミュージック・アワードでの件がまた記憶に新しいタイミングでリリースされたこともあり、とりわけ好意的に受けいれられた。だけど『MBDTF』のなかで見られた堕落の自認と、ほろ苦い苦悩の

52

あとで、いったいカニエはどこへ向かって成長していくことができたというのか？

『Yeezus』（13）はそんななかで登場した。前作にある嫌悪の感覚を新たな極限へと向かって増幅させた同作は、救済は謝罪や謙虚さのなかにあるのではなく、自己嫌悪を増大させ、音によってリスナーに中指を立てることのなかにこそあるのだと断言する（白状しておくが、私がこのアルバムにはじめてピンときたのは、2014年になって、学位論文のためのフィールドワークとして東京でノイズのライヴの調査をはじめてからのことだった）。カニエがここで、自分は神**である**と主張しているのはそのとおりだが、しかしそれは、満足を知らず、短気で、そして究極的には不幸な神であり、アルバムのタイトルとは裏腹に、自分がジーザスと同じレベルにいないことを、進行形で何とかして認めようとしている神なのだといえる。イーザスことカニエは、「彼が一番高いところにいるのはわかってる、だけど俺だって、近い高さにはいる」としぶしぶ認めているのだ。

ともあれ、やはり私たちは、彼のクロワッサンを急いだほうがいいだろう（『Yeezus』収録の〝I am a God〟のなかに出てくる、「俺は神」なんだから、「フランス料理屋では／とっととクロワッサンを持ってこいよ」というリリックを踏まえた表現。発表当時、「神」と「クロワッサン」という組み合わせの突拍子も無さがSNS上で話題になり、一種のミームとなった）。

このレコードのなかに隠れている宝石はおそらく、『MBDTF』をまとめあげていたようなユーモアは少しもないままに成功による孤独をあざやかに描いた苦い哀歌である〝Hold My Liquor〟だといえるはずだ。そこでは、催眠術のように脈動する歪んだギターリフとシンセサイザーによるマイナーコードの上で、カニエが次のように唱えるのが聞こえる。「ベイビー・ガール、彼は孤独な奴だ／ベイビー・ガール、彼は孤独な奴なんだ／深夜の臓器提供者／そのあとで彼はお前と縁を切る／そのあとで彼はただ絶望する／ソ

Kanye West
The Life Of Pablo
Getting Out Our Dreams / Def Jam (2016)

53

ウル・メイトたちは魂を失っている／終わったら、本当にそれで終わり／ビッチ、そこで俺は昏睡からさめた」

だから率直にいうなら、『Yeezus』は助けを求める叫び声なのだ。にもかかわらずこのアルバムは、〝Bound 2〟とともに文字どおりの最高潮［＝高音：high note］で終わっている。（どことなく野暮ったい）バラードであるこの曲は、それ以外にはインダストリアルで歪んだものばかりのこのアルバムのサウンドスケープのなかで、もっとも一貫してソウルやゴスペルが差しこまれた曲になっている。『Yeezus』は全体に荒涼とした作品だが、そうしたゴスペルへの目配せは——音楽の上でも信仰の上でも——オールド・カニエとの最後の希薄なつながりを構成しているもので、喪のような悲しみを帯びているとはいえ、その表面下にいまもまだ、「大学中退者（ザ・カレッジ・ドロップアウト）」が潜んでいる可能性を示唆している。

殉教者

だけど『Life of Pablo』（16）では、正式に発表がなされた。つまり、オールド・カニエは死んだのだ。とはいえここではっきりさせておこう。『Life of Pablo』には、いくつか重要な曲がある。たとえば〝Famous〟は、メタ的なパフォーマンス・アートにも通じる、見事に計算された論争的な曲であり、あからさまなゴスペルが重ねられた「fade」での豪奢なハウスのサンプリングは、思いがけない音楽的な並置を生みだし、公的な仮面とプライヴェートな仮面の分裂を上手く反映している。自分は労働者階級の黒人からなる平均的なアメリカに属しているのか、それともブラジル人風に引き締まるように整形された尻の方に、いいかえれば、最近ではロサンゼルスに住んでいる、度を超えてカネを持った（白人のような）特権階級の方にいるのか、はたしていったい「どっちなのか」を熟考しているアルバムのジャケッ

54

トに至るまで、カニエのアイデンティティはここで、あきらかに流動したものになっていた。〝Ultralight Beam〟のなかであれこれと考えを巡らせたすえに彼は、「これは神の夢なんだ」といっているが、私からすれば、じっさいのところ彼は、ほどなくして診断が下されることになる双極性障害からくる、自己規定が分裂した感覚を表現しているのではないかと思えてならない。じっさい、「聖パブロ」と題されたツアーで彼は、精神を崩壊させることになった。そしてカニエの人生が剥きだしなものになっていけばいくほど、彼のアルバムは——すくなくとも私にとって——どんどんと聴きづらいものになっていった。

いまのところ私は、長年ファンだったことからくる人類学的な興味をもってしても、『Ye』(18)も『Jesus is King』(19)も、そして例の『Donda』(21)も、まともに聴くには至っていないことを認めておこう(『Jesus is King』がかなりヤバいアルバムであることは認めざるをえないが)。いつかは聴くつもりではいるので、そこは安心していただきたい。だが私のためらいの大部分は、『Yeezus』以降の「好かれてきたら、すぐに嫌われようとする」ような彼の態度に——つまりどうやら原則になっているらしい、私たち平民を遠ざけようとするようなその探求に——由来している。カニエには賞賛を送っておこうと思う。そうした探求の効果には、じっさい目覚しいものがあるからだ。私はいまブルックリンに住んでいるが、サウス・サイドで車から〝I Thought About Killing You〟が爆音で流れているのを聞いたことがないことは、いまこの時点でも請けあうことができる。

だが一方でおそらく、ちょうどブリトニー・スピアーズがパパラッチを傘で殴ったときのように、彼の音楽と、それと対極をなすようなメディア上での彼の仮面は、粗探しや疑いや偽善と直面するなかで、アーティストとしての自らのヴィジョンと信念の体系を証明するためにおこなわれてきた、キャリアを通じた闘いの副産物なのだろう(まあもちろん、双極性障害だと診断

55

されていることもあるが）。たしかにカニエのメディア上での道化ぶりは、もう何度も見ていて不愉快なレベルに達しているし、ビジネス上の会議での悪態は恥ずべきものだ。だがじっさいのところ、「ホワイト・ライヴス・マター」と書いたTシャツを着たことは、たとえばジェイ・Zが自分の所属するレコード会社の役員を刺したことよりも悪いことだろうか？　クソみたいなことだが、女を殴ったクリス・ブラウンでさえ、カニエのようにキャンセルされてはいない。

カニエが物議を醸す存在であることに疑問の余地はない。だからこそとくに彼は、広く知られている自分の罪の数々を、公の場で贖うことを強いられるわけである。

はぁ、ため息が出る。カニエは正しかったのだ。「〝I wonder〟の歌詞でいわれるとおり」彼はスターだ、だとすれば、どうして輝かずにいられるだろう？　いまこそ彼がその立場を利用して——ちょうど『The College Dropout』のときにやったように——戦争でボロボロになったこの世界が必要にしている、いいヴァイブスを広めてくれればいいのだが……。最後に、カニエの預言という問題にぴったりなトム・ウェイツの歌詞を紹介して終わろう。「十字架から降りてこい、俺たちはその木を使える」。彼がこのメッセージを受けとることを願っている。

絶対に聴いておきたい2010年代のジャズ 56

選・文　小川充
selected & written by Mitsuru Ogawa

2010年代はジャズの新世代が台頭し、ジャズ界を一気に更新する刺激的な時代だった。口火を切ったのは米ニューヨークのピアニスト、ロバート・グラスパーで、ジャズ以外にヒップホップやR&Bもやる彼は、現代ジャズとヒップホップ／ネオ・ソウルを、それ以前のジャズ・ラップなどよりさらに進化した形で自然に融合した。J・ディラ的なビートをジャズの生演奏で構築するクリス・デイヴのドラミングはじめ、以降の新世代ジャズの指針を示した。

グラスパーら米東海岸に対し、西海岸ではサックス奏者のカマシ・ワシントン、ベーシストのサンダーキャットら新世代が台頭した。彼らもジャズだけでなくフライング・ロータス、ケンドリック・ラマーら幅広い人脈と交流があり、同時にハービー・ハンコック、スタンリー・クラークら大ベテランとも共演やコラボをおこなうなど、世代を超えた技術や表現力を持つ。カマシはアフリカ音楽やラテン、ゴスペル、クラシックと幅広い音楽性とジャズを結び付け、特に1970年代のファラオ・サンダースなどを彷彿とさせるエモーショナルな演奏で、スピ

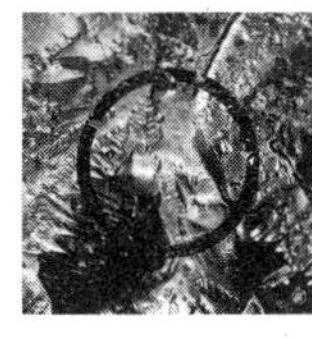

Robert Glasper Experiment
Black Radio
Blue Note (2012)

Thundercat
Drunk
Brainfeeder (2017)

Yussef Kamaal
Black Focus
Brownswood (2016)

Ezra Collective
You Can't Steal My Joy
Enter The Jungle (2019)

Kamasi Washington
Heaven & Earth
Young Turks (2018)

Sons Of Kemet
Your Queen Is A Reptile
Impulse! (2018)

GoGo Penguin
v2.0
Gondwana (2013)

The Comet Is Coming
Channel The Spirits
Leaf (2016)

57

リチュアル・ジャズの復権を果たす先導となった。

　カマシと互いの作品でも共演するサンダーキャットは、ジャコ・パストリアスにも比較される超絶的なベース・プレイによるフュージョン的な演奏をおこなうとともに、F・ロータス、K・ラマーなどビート・ミュージックやヒップホップ勢から、マイケル・マクドナルド、ケニー・ロギンスらAORの大物らと共演するなど、ジャズとポップ・ミュージックを繋ぐアイコンである。自身でも歌を歌ってAOR的な作品を披露するなど、ジャンルの枠を超える存在となった。

　英国ではマンチェスターのピアノ・トリオのゴーゴー・ペンギンが、テクノやドラムンベース的な生演奏を現代ジャズでやってしまうと話題を呼んだ。ジャズとクラブ・ミュージックが密接に関係を持つロンドンでは、2010年代半ばより特にサウス・ロンドンで多くのミュージシャンが台頭し、サックス奏者のシャバカ・ハッチングス、アフロ・ジャズ・バンドのエズラ・コレクティヴ、鍵盤奏者のカマール・ウィリアムスなどが活躍する。彼らの多くはトゥモローズ・ウォリアーズというジャズ育成機関出身で、アフリカやカリブにルーツを持つものが多い。そのひとりであるシャバカはカリビアン・ルーツで、正統的な演奏からアフロ・ジャズやフリー・ジャズ、さらにエレクトロニクスを交えた実験的な演奏と多彩なスタイルを持つが、そのなかに自身のアフリカ〜カリブのルーツ色を交えている。サンズ・オブ・ケメット、ザ・コメット・イズ・カミングなど複数のグループを持ち、今日のサウス・ロンドン・シーンを牽引している。

58 活気づくアフリカからのダンス・ミュージック

文　三田格
written by Itaru W. Mita

南アの格差社会を描いた映画『ツォツィ』（06）が注目されたことで同作に使われていた南アのハウス＝クワイトも広く知られるようになり、ドイツのレーベルが逸早く『Ayobaness!』（10）をコンパイル。00年代はアフリカを舞台にした映画が急増し、『チャッピー』（15）では役者としてダイ・アントワードが起用されるなど南アの音楽が世界に知られる機会が増えた。ドイツ資本はさらにスポーコ・マサンボをはじめ、マーク・エルネストゥスがシャンガーン・エレクトロのコンピやセネガルではジェリ・ジェリとして活動し、タイヒマン兄弟がナイロビとベルリンのミュージシャンを多数コラボレートさせた『BLNRB』（11）と『Ten Cities』（14）を完成させて大掛かりなコンサートも成功。同時期にデイモン・アルバーンもUKのDJたちを引き連れてコンゴのミュージシャンたちと『DRC Music』（11）を5日間で完成させ、さらにイーノたちとスタジオまで建設してアフリカ・エキスプレスとして6枚のアルバムを録音。アメリカ資本はフランスの勢力圏だった西アフリカの音楽を『Music From Saharan Cellphones』（11）としてシリーズ化し、エムドゥ・モクターを世界的なギター・ヒーローへと押し上げ、マリのバラニも初コンパイル。さらにナイジェリアのDJやシンガーを多数起用してビヨンセが『The Lion King』（19）をプロデュースし、同作に参加したメジャー・レイザーも同じく『Afrobeats』（18）を。ナイ

Various
Balani Show Super Hits - Electronic Street Parties From Mali
Sahel Sounds (2014)

Various
Gqom Oh! The Sound of Durban Vol.1
Gqom Oh! (2016)

Various
L'Esprit De Nyege 2020
Nyege Nyege Tapes (2020)

59

ジェリアは浮ついたヒップホップが主流で、バーナ・ボーイがアメリカで大ブレイクし、ガーナのハイライフを取り入れてバンクーを生み出したとされるミスター・イージーはアフロビートへの客演も多く、シーンの屋台骨的存在に。アフロビートを牽引したトニー・アレンは20年に没。

　アフリカでもっとも有名なDJはハウスのブラック・コーフィーだろう。彼が拠点とする地方都市ダーバンはベース系のゴムで10年代中期から一気に注目を集め、イタリア系のナン・コーレがこれを『Gqom Oh!』（16）としてコンパイルし、さらにアフリカのダンス・アンダーグラウンドを包括的に追ったドキュメンタリー『タクシー・ウェイブス』でクゥドロやハイライフにヒップ・ホップを取り入れたヒップライフなども幅広く紹介。クゥドロはアンゴラからポルトガルに移ってハウスと結びつき、フランス経由でコートジボワールのロゴビなども知られることに。ゴムはしかし、プレトリアのバカルディが起源だとヨハネスブルグの北方に位置する同都市がこの人気に反発し、クワイトのベースにピアノを被せたアマピアノを大量に生み出す。これらの動きに遅れをとったヨハネスブルグはUKとの関係が強い〈Stay True Sounds〉やUKと南アの混成メンバーからなるL.V.やケレケトラ！などで失地回復を伺う。ちなみにケープタウンは全体に実験的。

　ソナーやミューテックのように世界中から人が集まる音楽フェスで人気を決定づけた〈Nyege Nyege〉はウガンダに拠点を置き、タンザニアのシンゲリをまとめて紹介するなど東アフリカのエレクトロニック・ミュージックを一手に引き受け、ロンドンや上海にもリーチするハブ的な存在に躍進。クラブ専門のサブ・レーベル〈Hakuna Kulala〉を設けてケニアのスリックバックやカボーシェをプッシュし（ケニアのKMRUやナイジェリアのエメカ・オグボーなどアンビエントも増えた）、〈Nyege Nyege〉のハウスDJ、カンピレと組むことが多いMCヤッラーはアメリカの真似が多くてなかなかオリジナルといえるものはないアフリカのヒップ・ホップにあってゴムをベースにしたサウンドで独自の境地を切り開いた。北アフリカはまたの機会に。

文　野田努
written by Tsutomu Noda

坂本慎太郎——脱力したプロテスト・ミュージック

60

坂本慎太郎の面白さは、軽いのに重く、空しいのに楽しく、レトロで新しく、ゆるそうだがタイトで、静的だがグルーヴがあり、闘争心がないように見えるが憤怒があり、しかもそれをパンクやラップとは異なる表現で伝達するところにある。パラドックスとアンヴィバレンスの応酬に見えるが、彼は拱手傍観してどっちつかずの安全地帯にいるわけではない。10年代は、石原洋プロデュースによるオーガ・ユー・アスホールがポスト・ゆらゆら帝国のエッジィなサウンドを構築しようとした一方で、坂本慎太郎はときにレイドバックし、むしろ脱力しながら、文学的な表現とその逆説の威力をもって、ゆらゆら帝国時代以上にウィットに富んだ楽曲を作った。そのいくつかは社会風刺としての解釈も可能だが、坂本慎太郎のそれは社会学的論評とは違う。人生をうまく生きることができない者たちの視点で描かれた、（逆説的な）負の言葉による告白だ。最初のソロ・アルバム『幻とのつぁい方』がリリースされたのが2011年、ヴェイパーウェイヴから幽霊が読み取られ、マーク・フィッシャーが幽霊たちを論じていたその頃に、日本では坂本慎太郎が〝幽霊の気分で〟を軽快な演奏をもって歌った事実は興味深いが、それは、幽霊の気分でいると楽でいいよねという、生き生きと生きることへのアイロニーだった。

10年代後半、日本ではクイーンが大々的に再評価された。レスター・バング

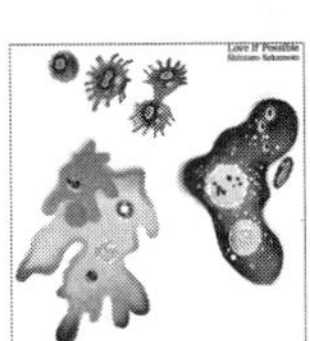

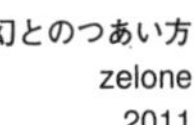

幻とのつあい方
zelone
2011

ナマで踊ろう
zelone
2014

できれば愛を
zelone
2016

61

スと並んでパンクの切望者だった米ロック評論家デイヴ・マーシュから「最初のファシスト的なロックかもしれない」などと『RS』誌上にて酷い評を書かれたことさえあるこの超プロフェッショナルなバンドは、私たちはチャンピオン、敗者にかまっている暇はないと堂々と歌う勝利主義者めいた集団だった(パンクを批判する曲を本気で書いたバンドでもある)。クイーンを聴いていると、彼らが引用したバロックが元々は権力者を讃える王宮の音楽だったこと、ヴォーカリストが取り入れたオペラが上流階級の貴婦人たちの趣味のひとつとして栄えたという歴史をついつい思い出してしまう。坂本慎太郎はその遙か向こうの、クイーンが断絶した敗者たちの文化的なオアシスだった。坂本の美学は、宮殿の華麗さよりも路上の活気にあり、勇ましくないことの光沢、競争しないことのロマンにある。坂本の音楽は脱力したプロテスト・ミュージックのようだった。

　もっともプロテスト・ミュージックというのは、●●反対とか●●解放とか、争点や文脈を要するものだが、坂本の歌でとくにそれは詳説されないし、拳を上げることもない。その代わりに、リスナーの主観のなかで自由に組み替えられる抽象性がある。受け手の解釈によって「私の曲」にもメッセージにもなりうるわけだが、それは一時しのぎのごまかしではない。〝君はそう決めた〟や〝できれば愛を〟はその典型だが、〝この世はもっと素敵なはず〟や〝あなたもロボットになれる〟(あるいは、最近の〝それは違法でした〟)のような我が国には数少ない抗議の声明を含んだ曲もある。〝やめられないなぜか〟はいまウクライナやパレスチナで起きていることにもリンクするだろう。

　坂本慎太郎のライヴは、非演劇的で、ロック的なクリシェはいっさいない。気の利いたMCはないし涙もろい感謝もないし、絶叫もない。ロックはロックらしくないからこそ生きているというパラドックス。じっさい坂本慎太郎のライヴではいろんな世代の男女がおのおの好き勝手な服装で踊っている。これをオルタナティヴな回路と言わずしてなんと言えばいいのか。

ジェネレーションXの勝利と死――アイドルとともに霧散した日本のオルタナティヴ

62

文　イアン・F・マーティン
written by Ian F. Martin

訳　江口理恵
translated by Rie Eguchi

レコード会社でクラシック音楽の制作ディレクターを担当したのちフリーに。
現在、800頁を超すロブ・ヤングによるCANの評伝を翻訳中。

2010年も終わりに近づいた頃、X世代に属する最後のメンバーは40歳を迎えていた。その世代の人びとは、過去数十年に生み出されたもっとも画期的な音楽の原動力であった。私自身もその最後尾にぎりぎり入り込んだ世代で、そのようなサウンドトラックとともに成長できたのは幸運だったが、最後の10年が終わる頃には、自分たちは消耗しきった過去の人であるという感覚に陥った。

通常、X世代は1965年から1980年の間に生まれた集団と定義されるが、音楽的な意義においては、1950年代後半に生まれてインディーズのエートス（精神・気風）を確立したパンクスから、90年代にカート・コベインの悲劇的な影の下で育った初期ミレニアル世代までを包括した、より広義で曖昧な条件（期間や言葉など）で理解されるべきだと思う。もしも我々をパンク、インディ・ポップ、アシッド・ハウス、グランジ、ローファイやオルタナティヴ・ロックの間を案内してくれる一縷の指標があるとすれば、それは独立性を強く主張すると同時に、メインストリームと対立することが重要なこととして定義された〝インディ〟や〝オルタナティヴ〟という用語に埋め込まれているのだ。X世代はしばしば偽善的な商業主義を受け入れてこの定義を台無しにしたが、金のために身売りしたという非難は深刻なものだった。

日本の音楽シーンの政治学においては、こうした裏切りはそれほど影響がなかったようだが、私がこの国に来た2001年のもっとも活気のある音楽は、やはり地元のX世代の変異系によるものだった。ポップス界隈では、渋谷系の名残は、しばしば商業的であることを喜んで受け入れていたが、それでも彼らは最小公分母よりも、情報や洗練された美学に価値を見出す、ある種のインディーズ・エリート主義に定義されていた。一方、ジャンクとノイズはパンクをもっとも先鋭的な音の極限にまで押しあげた。メインストリームに認められようと努力するときでさえ、この音楽は他とは違うということに価値を置いていたのだ。

2010年代までには、この世代が行き止まりに達しているのが感じられた。J-Popのメインストリームは閉店状態で、90年代から2000年代のアンダーグラウンドを支えてきた草の根のファンたちは、落ち着いた生活へと身を引きはじめていた。よりグローバルな視点では、メインストリームに対するX世代の闘争の勝利は、ギターのフィードバックやエレクトロニクスによるロック形式の解体の力によるものではなく、メディアの変化がもたらしたものだった。後期X世代や初期ミレニアル世代のNapsterのショーン・ファニング（1980年生まれ）やSpotifyのダニエル・エク（1983年）は、Facebookのマーク・ザッカーバーグ（1984年）やTwitterのジャック・ドーシー（1976年）が情報に対しておこなったことを、音楽に対しておこない、古い中央集権的なキュレーションのネットワークを寸断したのだった。

この類の勝利は、旧来の独立精神にふたつの問題をもたらした。第一に、〝インディペンデント〟や〝オルタナティヴ〟と定義される音楽は、それに対抗するものがなければ、いったい何から独立したと見做される

64

のだろうか。代替となるものすらないなかでの話である。次に断片化されたメインストリームというものは、商業主義に対する勝利とは異なる。商業的な勢力は、オーディエンスをきっちりと整頓された定義の、アイデンティタリアン主義の箱の中に仕分けするのが好きで、マーケティング業界は何十年もの間、内部でそれを実行してきた。

私が身を置いていた当時の日本の音楽シーンから眺めると、旧来のメインストリームとインディーズの動態を破壊するような打撃は、並行した形で、アイドル・カルチャーからもたらされた。

１９９０年代、アイドル文化は80年代の絶頂期から、オタクのサブカルチャーへと転落したものの、再びブームとして舞い戻った。２０１０年代初期には、AKB48がオリコン・チャートをジョークに変えてしまい、年間ランキングは彼女たちとその姉妹グループに、ぎっしりと埋め尽くされた。AKB48は、パンクやインディーズのサブカルチャーが長い間実施してきた、固く結束した親密なファンとの交流を形式化し、商品化することで、均質化された主流派への防衛線を張ったのだった。

ＡＫＢの拡張された宇宙を超えて、アイドルのプロデューサーたちは独自のニッチな世界を切り開こうと、さまざまな音楽のサブカルチャーに注目し、多くの古くからのインディーズやアンダーグラウンドの旗手たちが、その恩恵にあずかった。渋谷系の両端に位置した小西康陽や中田ヤスタカのようなプロデューサーたちは、すでにアイドル文化と深く関わっていたし、コールタール・オブ・ザ・ディーパーズのNARASAKIのようなオルタナティヴ系のミュージシャン、ノイズ・アーティストの非常階段、さらにザ・ゴー！チームのイアン・パートンのような海外のソングライターの数人までもが参戦した。それより5年前には、アナーキックなアート・ジャンク・バンドである、あふりらんぽなどのライヴで騒いで存在感を発揮していたファンたちは、アイドルによる、振り付けされたオルタナティヴ・ミュージックの模倣に同等のエネルギーと高揚感を発見した。インディーズのオーガナイザーたちは、このようなクロスオーヴァーがもたらす瞬間の可能性を活用し、東京のいたる所に過激にミックスされたラインナップのイベントを登場させた。

　このような人たちのなかには、この種のクロスオーヴァーは破壊的であり、J-Popのメインストリームにウィルスのようにアンダーグラウンド的なアイディアを投入していると思いこんだ人もいるだろう。多くの人にとっては、ポップとアヴァンギャルドが並置されることは、単純に開放的でスリリングなことだった。一時的には後者であったが、私の考えでは、決して前者であったことはなかったように思う。アイドル文化は、その商業的な目的を超えてまで何かに敬意を表することはなく、アイドルの制作様式は、オルタナティヴ・アーティストたちの創造性を消費こそしたが、彼女たちを生み出した音楽カルチャーに何も見返りを与えることはなく、結局のところ、皆、自分たちのニッチな領域に再び引きこもるようになったのだ。それまで以上に細分化された世界に。

　２０１０年代の終わりまでには、X世代は全員が40代と50代になっていた。成功した者は長老政治家となり、統一されていたはずの主流派は崩れ去り、それと同時に、旧来の対立的な意味で使われた「オルタナティヴ」の本当の意味も失われてしまった。かわりに、音楽を前進させる新世代は、より複雑に交差する新世界の力学の外で、稼働していたのだ。アイドル・ブームは、X世代の音楽シーンにおける最後の大きな揺さぶりであり、結果的にはなんとも悲しく惨めな最終章となった。X世代はまたもや裏切られ、受け取ったのはもっとも薄っぺらな報酬だけだった。

あの頃、武蔵野が東京の中心だった——cero、森は生きている、音楽を友とした私たち

文　柴崎祐二
written by Yuji Shibasaki

新卒でメジャー・レコード会社へ就職しＪ－ＰＯＰ部門に配属されてからわずか3年、日々の仕事にすっかり疲弊し行く末に迷っていた私は、２００９年の初頭、なかば救いを求めるように、ブルース・インターアクションズ（現Ｐヴァイン）の中途採用へ応募した。自分が好きだったブルースやソウル、ロックのカタログを沢山扱っていてなんだか楽しそう、それくらいの気持ちだった気がする。要するに、あらゆる意味で若かったし、自分でそれに気づいていない通人気取りの駆け出しだった。

面接から数日経ったある日、私は渋谷のクラブクアトロへクレア＆ザ・リーズンズの来日公演を観に来ていた。期待通りの素晴らしいパフォーマンスに心を温かくしていたところ、終演後、ケータイに一通のメールが入っているのに気付く。

「先だっての面接の結果、貴殿を採用することに決定いたしましたので……」

どこかで一杯飲みたくなった私は友人に連絡し、「前に話してた例のバー、今日連れてってよ」と伝えた。その友人・竹田は、当時阿佐ヶ谷に引っ越したばかりで、近所の店を色々と探索していた。ある日、おすすめしたい店を見つけた、と教えてくれた。

「昼に旨い焼きチーズカレーを出している店があって、店員と話してみたんだけど、どうやらバンドをやっているらしくて、鈴木慶一のプロデュースでデモを作ったりもしているんだって」

そのバーとは、阿佐ヶ谷駅北口にほど近い、「oji」という店だ。渋谷から中央線に乗り

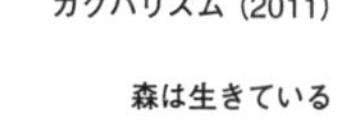

cero
WORLD RECORD
カクバリズム（2011）

森は生きている
森は生きている
Pヴァイン（2013）

67

換えて阿佐ヶ谷に向かい、駅前で竹田と合流する。

「え、Pヴァインに転職するんだ、じゃあ今日はお祝いだな」

　店に着くと、カウンター席の一番奥に通された。

「彼がこないだ話したバンドをやっている高城くん。こっちは柴崎」

　ビールを飲みながら、いましがた観てきたばかりのクレア&ザ・リーズンズの話をする私。「いいな〜。僕も好きなんですよ」

　バーテンダーの青年はそう言うと、ceroという自分のバンドの話や、好きな音楽の話をしてくれた。沢山のビールが進んだ。

　その後4、5年の間、私はrojiへ幾度となく通うことになる。誰かの友だちの友だちが、明日には自分の友だちになる。話すことといったら、大抵は音楽の話だった。過去の、最新の、憧れの人の、友だちの、名も知れぬ人々の、様々な音楽の話をした。

　2010年に入った頃だったろうか、自分の仕事を通じて日常的に会うミュージシャンたちが八丁堀にある「七針」というスペースを盛んに話題にしているところを度々見聞きし、更には、そういうシーン（?）の人たちとceroや片想い、ホライズン山下宅配便などの界隈（?）の人たちが、少しずつ入り交じるようになってきて、西東京の各地で何やら面白そうな催しが行われているらしいのを知っていく。後に喧伝される「東京インディー」という言葉は、その頃にはまだ存在しなかった気がする。けれど、確実に何かが蠢いているのが感じ取れた。

　ceroは、少なくともそのデビューから数年の間、「東京インディー」を体現する存在だった。様々なサポート・メンバーの力を入れ代わり立ち代わりに借りながら、様々なポップ・ミュージックの歴史と軽やかに交わりながら磨き上げられていった彼らの音楽は、その存在自体が、私たちが日常においてどうやって音楽に接し、他者とコミュニケートし、どのようにコミュニティを立ち上げていくかという実践／思想の写し鏡として響いていた。折しも2011年3月、あの日を境に東京の街から灯が消えた期間、誰もが誰かと何かを語り明かさなければ崩れ落ちてしまっていただろうあの期間においても、彼らの音楽は、私たちの多くが私たちの生のありかをそこへ映し出すことのできる、数少ない存在だった。

続く2012年。その頃の私は既に「東京インディー」の只中で生活していた。オフィスのある渋谷から新宿を経由し、なにかにつけて東京の西の方へと赴く日々だった。様々なアーティストの制作を担当し、いっぱしのA&Rになったつもりで、20代最後の年を駆け回っていた。

そんなある日、何気なく買った1970年代のレコードについて調べていたところ、見知らぬ大学生のブログにたどり着いた。やけにペダンチックなその語り口が気になった私は、彼がリーダーを務めているらしい「森は生きている」というバンドのデモ音源を早速買ってみた。一瞬で魅入られた。反時代的とすら言えそうな愚直さをもって過去の音楽遺産へと眼差しを向け、それを必死に我が物にしようとしているさま。また、そういったスタンスの特異さをある部分では冷静に自己分析し、突き放そうとしているさま。

すぐに彼らのライヴへ足を運ぶと、いかにも奥手そうな若者が、数人の客に向けてステージからヒソヒソと語りかけていた。

「えー、次の曲は、僕らが好きなダン・ペンというソングライターの音楽をオマージュした〝断片〟という曲で……」

後日、彼らが行きつけだという吉祥寺の居酒屋へ共に繰り出し、レコード・デビューの話を持ちかけた。私の後に続く新たな20代の人たちにとって、彼らの作る音楽こそが、自分たちの姿をそこに投げかけたくなる何物かでありうることを直感したのだった。いまだからいえるが、そうやって彼らの音楽を支えていこうと決心したとき、私はようやく自分が一人の若者であることから降り、成熟と呼ぶべき何かへと歩み出ることができたのだと思っている。

「東京インディー」という言葉は、特定の音楽ジャンルを指すものでは全くなく、ある場所や地域を元にゆるやかなコミュニティが生起したその現象を名指したものだった。その場所、地域とは、おおきくいえば、「武蔵野」だった。

このところの「シーン」的なるものの興隆を観察していると、しばしば非場所的で、もっと直接的にいえばオンライン上のコミュニケーションを元に興ってきたものが少なくないように思われる。コロナ禍がそういう動きを加速してきたことも改めていうまでもない。もちろん、あるクラブ、あるヴェニュー、あるバー等が中心的な磁場となるアンダーグラウンドのコミュニティはいたるところに存在するだろうし、それらが日々進展、変容しているのも知っている。しかし、たとえばバンドだったり、グループだったり、様々な演者やファン同士の繋がり（それは「ファンダム」という昨今流行りの言葉で形容するよりも素朴な何かだったように思う）が、「西東京」とか「東京郊外」、そして「武蔵野」というある地域区分がもつイメージの中に緩やかな繋がりをもって包括されるような、つまり、ある場所性とそのイメージによって表象されるような（それなりの規模の）シーンというのは、もしかすると「東京インディー」以後、ほとんど立ち現れてきていないのではないか（「東京インディー」の以前には、「関西ゼロ世代」や「下北系」もっと遡って「渋谷系」など、地域名を冠した用語が溢れていたことを思い出してほしい）。

そういう意味で、「東京インディー」というのは、ある種の場所性が特有のサブカルチャー／ユース・カルチャーの生成に絶対条件的に機能した時代のしんがりに位置する何かだったのかもしれない……などと、あの頃から10年が経ち、ものを書いて生活するようになった私は、いまではこんな利口ぶった「分析」を披露する元若者になってしまった。

あの頃、武蔵野の風景の中には本当に沢山の、「私たちの音楽」が流れていた。ときにそれは、音楽以外への視点を欠いた、非（避）社会的なものだと評されたりもした。しかし、その音楽に魅入られ、後押しした当事者として、私を含めた数多くの人たちがそこに流れる音によって励まされ、昨日と今日を繋ぎ、自らを再発見していったことを知っている。

私の２０１０年代は、音楽を無二の友とした人たちと過ごした武蔵野の風景とともに記憶されている。

70

ネットからストリートへ
——ボカロ、〈Maltine〉、tofubeats、そしてMars89

文　小林拓音（ele-king編集部）
written by Takune Kobayashi

07年夏、極東の島で発売された音声合成ソフト「初音ミク」に端を発するボカロ文化は、10年代におけるネット・カルチャーの見過ごせない動きのひとつだ。当初ニコニコ動画を牙城としていたそれははやくも2010年に〈Hyperdub〉にまで波及、10年代初頭から半ばころにかけSoundCloud経由でフューチャー・ベースとの合流を果たしてもいる。ちょうど日本では05年に始動した〈Maltine〉が注目を集めはじめ、やがてインターネット時代の寵児tofubeatsを送り出し、UKでは13年に〈PC Music〉が設立されている――「リアル」で原発や風営法改正が問題になる直前／直後、オンラインではかつてない音楽文化が花開いていた。

ボカロが興味深いのは、「死ね」とか「死にたい」みたいな通常ネガティヴとされる感情を吐き出すことができる文化を形成していたところだろう。リーマンショック直後のどぶウサギ〝しねばいいのに〟（09）の時点ではまだユーモラスだった表現が、マェロP〝後追い自殺に定評のあるみっちゃん〟（10）やじたばたP〝ラストバトル〟（11）のころにはシリアスさを獲得、でんの子P〝にんげんってやだな〟（16）や超高齢化の現実をつきつけるATOLS〝常世〟（17）あたりになってくるともはや自己だけの問題にはとどまらず、社会が射程に収められるにいたる。日本の破綻の、明確な反映。ようするに、恋愛ソングや応援歌ばかりのJポップにたいするカウンターとして機能する側面がボカロ文化にはあった、と。そんなカルチャーに出自をもつYOASOBIのヒットは、ある角度から眺めれば巨大ビジネスなわけだけれど、10年代日本のポップ・チャートがアイドルに独占されてきたことにたいする違和の噴出ともとらえられるのではないか。自殺志願が歌われる〝夜に駆ける〟（19）

ATOLS
常世
(2017)

71

のMVをクリックすると、二度も警告が表示される。その事実に、ボカロ文化が培ってきたダークな力の残滓をみとめないわけにはいかない。

そうした許容度の高さゆえだろう、なんだかんだいって社交性やコミュ力が前提となる既存の音楽カルチャーになじめない者たちに、ボカロ文化は活躍の場を与えもした。友だちなんてひとりもいない。キモいと罵られた回数だけはだれにも負けない。いじめられたこと？ そんなんあるに決まってんでしょ――ある意味では、電気も止められているような家庭に育った子がラップに目覚めるのと似た現象ともいえる。

ボカロに限らず、オタク・カルチャー全般がそれまで以上に市民権を獲得していったのも10年代だった。思うに、00年代に種々のアニメ、東方、Keyや型月のゲーム、I'veの音楽などに触れて育ってきた世代が発信者の側にまわったのが10年代前半で、それらの表現を受容したより若い層が好き勝手やりはじめたのが10年代後半だったのではないか。たとえば西尾維新の小説を原作とするアニメ『化物語』のオープニング曲のひとつ、〝恋愛サーキュレーション〟がヴェイパーウェイヴのポップ化ともいうべきフューチャー・ファンクの文脈で濫用され、やがてTikTokにまで伝播することになろうとは、09年のアニメ放送時は1ミリも予測できなかった（ラッパーのTohjiも19年のNTSラジオで同曲をかけたという）。

そんな感じでネットやSNSが大きな力をもった10年代最後の10月26日。路上では最初のプロテスト・レイヴが実行されてもいる。発起人はMars89、Mari Sakurai、Miru Shinodaの3名。アーティスト主導のサウンドデモが生まれたのはもしかしたら初めてかもしれない。いやもちろん、坂本龍一の呼びかけによるフェス「NO NUKES」もあればSEALDsもあった。けれども、ネット・カルチャーがある種の抵抗を示した10年代の終わりに、音楽文化の主役たるアーティストたち当人が反国家・反警察の精神を宿す「レイヴ」の語を掲げ、じっさいにストリートに異空間を創出したことは記憶にとどめておきたい。オンライン上のプロテストは自己満足にとどまる可能性も低くなく、追跡＝監視だってあるわけだから、地に足のついた運動の重要性はいまますます高まっている。

ポップスターという現代の神々
――ファンダム（ファン文化）における聖像（アイコン）のあり方とメディア

文　ジリアン・マーシャル
written by Jillian Marshall
訳　五井健太郎
translated by Kentaro Goi

ビヨンセにはビーハイヴが、テイラー・スウィフトにはスウィフティーズが、レディー・ガガにはリトル・モンスターズが、カーディ・Bにはバルディギャングが、ニッキー・ミナージュにはバーブスがいる。呆れたものだがあのジャスティン・ビーバーにさえビリーバーズがいる。こんにちのポップスターのファンたちにたいするそうした愛称と**ともに**、いったいいま何が起きているのか？　またそうしたミュージシャンとリスナーたちの関係は、私たちが暮らしているこの時代について何を明らかにしているのか？

　さしあたり鍵になるのは、「リスナー」という言葉がいま現在じっさいに果たしている機能だろう。21世紀が他に類を見ない消費主義の時代であることは間違いない。念のためにいっておくが、ここでいう消費主義とは、中産階級の繁栄とか、国内通貨の強さに支えられていたそれではない。日本のバブルがとうの昔にはじけたのは周知のとおりだし、ドルは比較的強いとはいえ、それでも私の食料品代は、この2年で二倍になっている。にもかかわらず、私たちが生きている情報の時代は、消費によって――とくにメディアの消費によって――定義され、しかもその消費は、かつてなく多くの経路をつうじておこなわれている。音楽ファンとして私たちは、いまではもう単純にレコードでお気に入りのアーティストを聴いているわけではない（流行りを追っている場合は別で、レコード・ヘッズも根強く生き残っているわけだが）。代わりに私たちはいま、ミュージック・ヴィデオや、デジタルな音のデータや、ソーシャル・メディアをつうじて音楽を「消費」している。ただ聴取（リッスン）するだけというのはもう、完全に時代遅れなのだ。だからきっと、バグルスは正しかったのだろう。ヴィデオは**本当に**ラジオスターを殺してしまったのだ。

さてここで今度は、「フォロー」という言葉について考えてみよう。この言葉はすぐに、宗教を連想させる。じっさい『聖書』のなかでイエスは、「わたしは世の光である。わたしに従（フォロー）って来る者はみな、闇のうちを歩くことがなく、命の光をもつであろう」といっている。だけど組織された宗教もまた時代遅れなものになっているなかで、いまそれが占めていた場所にあるのはいったい何だろう？　アメリカの場合答えは明白だ。すなわち、万能なるドルである。トーガを着てビルケンシュトックを履き、雲の上にいる全能の（白人）男のことなんか忘れてしまえ、誰もが知ってのとおり、「俺のまわりのすべては現金に支配されている」［ウータン・クランの〝C.R.E.A.M.〟の歌詞］のだから。

そうしたアメリカの拝金主義は、自分の力でなんとかやりきれば、富というかたちで救いに他ならないものが手に入るのだと約束する、よく知られた――しかしいまではどんどん神話になりつつある――アメリカン・ドリームなるもののなかに反映されている。私たち平民が直面している、日々の暮らしのためのやりくりという日常的な現実を超越した存在であるポップスターたちは、カネや文化的な影響力によって解き放たれ、そしてそのプロセスのなかでいま、私たちにとっ

74

て事実上の神々になっている。彼らは成功の偶像であり、崇拝の対象であり、間違いない精神的な大人物なのだ。だからアメリカのポップスターたちが、精神性と自由市場経済を同一視するのは——マックス・ウェーバーの「プロテスタントの労働倫理と資本主義の精神」の現代版のようなものであり——何も驚くことではない。『Yeezus』（2013）で自分は神だと宣言したときのカニエに関しては微妙なところだが、彼の曲〝Diamonds from Sierra Leone〟で客演しているジェイ・Zによる次のようなヴァースは、私の言いたいことを上手く表現している。「俺はビジネスマンじゃない（アイム・ノット・ア・ビジネスマン）、俺がやることが（アイム・ア）ビジネスになるんだ、わかるだろ（ビジネス、マーン）」。そしてじっさいにそれは、真剣なビジネスになっている。たとえばどうやらスウィフティーズは、その消費習慣によってアメリカのGDPに影響を与えているらしい。

　あらゆる宗教運動と同様、ファンたちは聖戦のような激しいエネルギーとともに神々を崇拝し、彼らを守っている。だけど今回がこれまでと違うのは、その戦いが、キーボードをつうじておこなわれているということにある。その呼び名は取るに足りない小さなものを連想させるかもしれないが、スウィフティーズは敵に回すべきグループではない（この点ではビーハイヴも同じだが、こちらの方は少なくともその名前の時点で、多くのファンベースの根底にある集団的思考をうまく反映している［ビーハイヴ（Bey Hive）という呼称の元になる〝Bee hive〟は、「蜂の巣」を意味する］）。ニッキー・ミナージュは——この点ではビヨンセの広報も同様だが——ファンたちに向けて、自分のために嫌がらせをすることをやめるようにいわなければならなかったほどだ。

　主流派のメディア、とくに音楽について書いているメディアが、現代のファン文化についてもっと問いかけないのは不思議なことである。

75

『Billboard』誌は最近、ドージャ・キャットが、「自分のことをキティンとか、バカみたいにキティンズとか呼んでるくらいなら［いずれもドージャのファンの愛称］、スマホなんかやめて、仕事を見つけたり、家で両親の手伝いをしたりしてなよ」というスレッズの投稿で数十万のフォロワーを失ったと報じた。『Rolling Stone』誌はこの件でドージャを批判し、ラッパーが自身の音楽にたいするファンのサポートは受けいれておきながら、それを超えては何も受けいれないことを「奇妙」だと主張している。かつての同誌のセックス、ドラッグ、ロックンロールのヴァイブスに、いったい何が起こったのか？　それは誰にもわからないが、あるいは『Rolling Stone』誌の編集者たちもまた、ビーハイヴからの復讐を恐れているのかもしれない。

　ついでにいっておけば、好戦的な言葉づかいは別にすればだが、ドージャ・キャットの心境は私にもわかる気がする。自分たちのことを文字通り取るに足りない小さなものと見なしているポップ・ミュージックのファンのグループから自分のアイデンティティを引きだすというのは、大人としておかしいと――さらにいえば不健全だと――いえないだろうか？　真面目な話、いったい誰が自らすすんで自分のことを「リトル・モンスター」などと呼ぶだろう？　とはいえこれは、ファンダムというのはあらゆる年代で健全な姿を見せるものだということではない。ビリー・ジョー・アームストロングの気持ちなら彼の妻より知っていると確信していた私は、86punkという名前でグリーン・デイの掲示板に何十時間も張りついて、ベッドルームの壁を自作のバンドのコラージュで飾っていた。だけど聞いてほしい。私はそのとき、12歳だったのだ。

　はっきりいっておこう、現代のファンダムの特徴は、あきらかにその幼児性にある。十代の苦悩というのはアイデンティティの形成に

76

とって避けられないものだが、とはいえ大人としてはどうだろうか？私たちは、自分が誰なのかを知り、それを受けいれる努力をするべきなのだ。このことは（驚くべきことかもしれないが！）、それがどれだけ不快なものだろうと、現実のこの世界のなかで愛し、失い、成長していくことを意味している。とはいえ、人間の弱さを食い物にしながら暴走するテクノロジーの発展を燃料にしている後期資本主義の世界のなかでは――古き良き時代の階級格差のなかでと同様――そこから外に出て、苦い経験をしながら人生の教訓を学ぶのは並外れて大変な仕事になっている。またインターネットの浅いつながりによって他人の人生を目にする機会が増えているなかで、自己の感覚を確立することが困難になっている一方で、いまやポップスターたちが代表している神聖さという「ブランド」にたいして過剰な同一化をすることは容易なことだ。

だからそう、ファンのグループから与えられるマーケティングを彼らがタダで収穫していることも含めて、こんにちのポップスターたちがもっているビジネス上の鋭敏さには感服しておこう。だけど、古いと言われてもかまわない、私としては、ファンたちはそのエネルギーを自分自身に向けた方がいいと考えている。ポップスターたちも他人と同じように欠陥のある人間にすぎない。音楽を楽しみ、自分自身の人生を送っていくことができるようにするためにこそ彼らは、自らがもつ影響力を使って、ファンにそのことを思いださせるべきだ。結局のところ音楽とは、数ある人生の大きな喜びのなかの一つなのである――そしてそうしたアウトプットだけでもう、十分な贈り物なのだ。ドージャ・キャットのようにこのことを指摘することが、冒涜的だと見なされてはならない。

マンブルコア運動（Mumblecore）

文　三田格
written by Itaru W. Mita

77

マリファナの会社を立ち上げたスヌープ・ドッグがプロモーションのために吹かしっぱなしでゲストとトークするネット番組「GGN News」は演出がラフでとても面白い。50セントを招いた回では二人してトラップの批判が止まらず、3連のフローを茶化したりと、正しく老害じじいをやっていた。「GGN」ではさらにマンブルラップもこき下ろされた。韻を踏まず、リズムも強調しないため、英語がわかる人にも何を言っているか聞き取りづらいとされるマンブルラップを指して、スヌープも「もごもごして何を言ってるかわからねーよ」と全否定。マンブルラップは11年にフューチャーが〝Tony Montana〟で最初に始めたとされ（本人は否定）、サウンドクラウドにアップされることが多かったため「サウンドクラウドラップ」とほぼ同義で使われ、「NYタイムズ」に新世代の台頭と持ち上げられたのも束の間、リル・ピープやXXXテンタシオンが続けて亡くなり、ジュース・ワールドの死をもってシーンも終わったとされている。ちなみにリル・ヨッティーや21サヴェージなどマンブルラップのヒット曲を持つラッパーも「GGN」には招かれ、副流煙を浴びまくりながら楽しく会話している。スヌープはトレンドが嫌いということなのか、基本的にラッパー個人をディスることはなく、例外的にスヌープと一悶着あったエミネムはマシーン・ガン・ケリーを『Kamikaze』でマンブル・ラッパーとして切り捨てている。「マンブル」というのは「口ごもる」という意味で、00年代後半から10年代前半にかけて制作が相次いだ低予算の自主映画運動に端を発している。マンブルコアはそれなりに本数

Future Feat. Drake
Tony Montana
Epic (2011)

78

はつくられているものの、残念なことに日本ではノア・バームバック監督『フランシス・ハ』(12)ぐらいしか劇場公開されず、配信でもおそらく2~3作しか観ることができない。マンブルコア運動では役者たちの話し方を「口ごもる」というより「話が面白くない」という意味で使っていたようで、そのことが逆にリアリティがあるという評価にもなっていく。モノクロで撮られ、ゴダールやウディ・アレンに立ち返ったと絶賛された『フランシス・ハ』は主演のグレタ・ガーウィグ演じるフランシス・ハラディが何を言っても周囲の人をシラけさせ、話をすればするほど彼女の焦りは浮き彫りになっていく。マンブルコアは下手すると1本あたり100万円の予算で撮ってしまうため、役者も素人同然で、演技が下手だというニュアンスも多大に含まれ、マンブルラップはそうしたアマチュア精神をそのままラップに移植したものであると同時に10代に広く浸透した抗うつ薬ザナックス(日本商品名ソラナックス)への依存を断ち切る時の振る舞いともオーヴァーラップする。マンブルコアはさらに日本ではお笑いの四千頭身、後藤拓実の口ごもったしゃべり方や坂元裕二脚本のTVドラマ「カルテット」(17)で松たか子演じる巻真紀が小さな声でぼそぼそと話す演技にも移植され、巻が何か正しいことを小声で話すと必ず周囲から「え?」と聞き返され、その正しさが周囲にも伝わるというコミュニケーションの一形態として認識されるようになる。元々、マンブルコアはポリティカル・コレクトネスを背景に声が大きくなっていくマイノリティに対して白人の中流層が自分たちの正しいと思うことを小さな声でしか言えなくなったという風潮が最初だったのではないかと僕は推測しているので、このような話し方はマンブルコアの本質を継承していると思える。『フランシス・ハ』同様、「カルテット」の登場人物はみな惨めな存在で、小さな声で話をすることから自分自身を回復する。SNSで大きな声を出せば、それが世論になりかねない時代にあって「マンブル」は少なからずの抵抗なのである。日本では「しょぼいポップス」もこうした流れを共有していたかもしれない。

　マンブルコア運動を代表する一人、グレタ・ガーウィグはそして『レディ・バード』で監督業に転出し、マンブルコアからも離れて、23年には『バービー』を世界的にヒットさせる。

BLMはUKをどう変えたのか

坂本麻里子×野田努

talked by Mariko Sakamoto & Tsutomu Noda

坂本麻里子
ライター／通訳／翻訳家として活動。ロンドン在住。最近の訳書は、マーク・フィッシャーの『K-PUNK　夢見るメソッド』。

野田　2010年代は考えてみるとすごい10年で、いろんなことが起きました。そんななかで、BLMがUKの音楽に与えた影響について坂本さんと話したいと思います。UKでは、BLMが反レイシズムということだけではなく、反植民地主義という解釈で広がりましたよね。そのなかで、DJネームやレーベル名の変更もあった。〈ホワイティーズ〉はクラブ・ミュージックのテスト盤を意味する白盤から来ていたと思いますが、誤解されないようにそれは〈AD 93〉になって、〈ワン・リトル・インディアン〉は〈ワン・リトル・インディペンデント〉に、DJのジョーイ・ニグロはデイヴ・リーになった。ほかにもありますよね？

坂本　それらの名称変更は、2020年にアメリカで立て続けに起きた警察官によるアフリカ系アメリカ人の死、特に過剰暴力で5月末に命を落としたジョージ・フロイド事件に対する世界的な抗議を受け、米〈アトランティック〉の黒人女性スタッフが呼びかけた音楽業界からの沈黙抗議＝同年6月2日の「Blackout Tuesday」の影響が大きいかと思います。「当日は通常営業をおこなわず、ブラック・コミュニティの支援の仕方をじっくり考えてください」という呼びかけで、#TheShowMustBePausedキャンペーンも同時にローンチされ大手レーベルが即座に参加。黒い■でソーシャル・メディアが「停電」し、各種ストリーミング・サーヴィスも番組をキャンセルしたり特別なプレイリストを組みました（ただ、Blackout Tuesdayは「メッセージが曖昧だ」と逆に批判もされましたが）。

野田　「Blackout Tuesday」は、うちもやりましたよ〜。やらないよりはやったほうが良いと思って。BLMについては、エレキングでは三田さんがファーガソン事件の1年後の2015年に最初に書いて、ぼくも2016年からやたら書いてきましたね。たくさんの人に知って欲しいと思ったから。ケンドリックやビヨンセのレヴューもそうだし、その年にはデリック・メイにも取材で訊いています。彼は「黒だけじゃない、すべてのカラーが重要だろ」と言ってましたが。だから自分の感覚では、10年代半ばの印象が強いす。

坂本　ただ、〈ワン・リトル・インディアン〉と〈ホワイティーズ〉の名称変更が2020年6月、ジョーイ・ニグロの改名が7月。アメリカでもレディ・アンテベラム、ディクシー・チックス、DJブラック・マドンナと改名が続きました。このあたりにイギリスで起きた動向では、ブリストルの会場コルストン・ホール（現ブリストル・ビーコン）が9月に名称変更を発表しました。同会場は17世紀に大西洋奴隷貿易で富を築き、慈善活動で知られたブリストル生まれの商人エドワード・コルストンにちなんでおり、6月7日の反人種差別抗議運動の際に、デモ隊が彼の銅像を倒し港に落とした事件は日本でも報じられたと思います。改名はかねてより活動家や音楽コミュニティ（たとえばマッシヴ・アタックは同ホール出演を拒否してきました）が要請しており、そこに向けての協議——改名支持者だけではなく、歴史ある名称を守れ、という反対意見も多かったようです——は少なくとも2017年から始まっていたそうですが、BLMの盛り上がりを受け、パンデミック後の再オープン時に名称変更するとアナウンスされたのは象徴的な出来事でした。

　音楽業界全体としての反応には、2020年6月に〈ユニバーサル〉を筆頭にメジャー・レーベルが業界内の多様性と包括性を高め、「意義ある変革」に向け努力する誓約を打ち出し、有色人種を支援する基金や助成金を設立。UK Musicという組織が特別委員会を発足させ、実態調査「Diversity in Workplace」をおこないました。また、Blackout Tuesdayの主導で、一部のレーベルやグラミー賞は「アーバン」のタームの使用をやめ、イギリスでもBlack Music Coalitionの呼びかけで「ブラック・ミュージック」に変わっています。「アーバン」はブラック・ミュージックを白人オーディエンス／ラジオ局向けに呼び変えたジャンル名で、以前から批判はあったのですが、これを機に変化が起きた。BLMそのものは2013年に始まった運動とはいえ、音楽業界からの具体的なアクション、そして21世紀にふさわしい意識向上の動きが組織的に始まったのは20年だった、と言っていいでしょうか。

野田　アメリカの外の国でデモが激化したのがそのくらいでしたよね。日本でもデモがあったし、うちも別冊でまとめて特集したのは20年でした。ロンドンのデモの様子は当時、高橋勇人君がレポートしてくれたんですけど、おそらくどこよりも激しかったし、イーノが音楽を担当した『トップボーイ』の対談で、坂本さんはブラック・ブリティッシュが主役のドラマが近年増えた話をしてくれたけど、UKは本当に変わりましたよね。20年にはSaultのアルバムが話題になって、インディ・ロックの聖地みたいなラフ・トレードがその年の年間ベスト・アルバムに選んだことをよく覚えています。イギリスであの運動が波及したのは、やっぱ植民地主義国家だったという歴史的な話と、現在も移民文化があり、マルチ・カルチュアラルな都市があるという、身近な問題として捉えたからなんでしょうね。日本は、イギリスと同じ島国ですが、アフリカ系移民が多いわけじゃないのと、この問題を植民地主義という歴史的な過ちとして捉えようとすることがマスメディアではなかったこともあって、盛り上がりませんでした。

坂本　紅茶もイギリス人の大好きなカレーも、植民地から到来しましたからね。ともあれ、文化セクター／クリエイティヴ産業は「先進的」と看做されているし、特に若者層が主要マーケットなポップ・カルチャーにおいては、BLMに反応・共感した、俗に「WOKE」と呼ばれる、環境問題や社会・政治意識の高いSNS世代にアピールするのは必然だと思います。その意味でも、「ブラック・ルネサンス」の新たな波が起きているのは間違いありません。

　映画やドラマ界は、この「Reckoning（考慮・反省する／「つけ」を清算する）」のタイミングが早かったと言えます。2013年に『それでも夜は明ける（12 Years a Slave）』、『フルートベール駅で』、『マンデラ 自由への長い道』他が公開され、『それでも〜』のスティーヴ・マックィーンは黒人監督で初のアカデミー作品賞を獲得。米黒人奴隷の回想録とはいえ、筆者の暮らすエリアの近所である、南ロンドンのペッカム—

10年代のブリティッシュ・ブラック10選（by編集部）

1

Actress
Splazsh
Honest Jon's (2010)
人種もそうだが、ジェンダーも錯乱する名義を使い、ポスト・デトロイト・テクノを展開する鬼才。これはファースト・アルバム。

2

Kwes.
ilp
Warp (2013)
UK産の魅惑的なオルタナティヴR&B。ソランジュのアルバムでも活躍したいまや売れっ子の作曲家のファースト・アルバム。弟はエレクトロニカ作家として知られるコビー・セイ。

—アフロ・カリビアン人口の多いエリアです——にある大衆向け映画館が公開時に大盛況だったのは印象的でした。その後『ムーンライト』（16）のバリー・ジェンキンス（作品賞／脚色賞）、『ゲット・アウト』（17）のジョーダン・ピール（オリジナル脚本賞）、『ブラック・クランズマン』（18）で遂にスパイク・リーが脚色賞を受賞。15年に始まった#OscarsSoWhite——アカデミー賞は白人男性が圧倒的に優勢——も圧として作用したと思いますし、POCのノミネートが増え、非英語作品で史上初の作品賞受賞となった『パラサイト　半地下の家族』（19）、『ノマドランド』（20）でクロエ・ジャオが非白人女性として初の監督賞、『エブリシング・エブリウェア・オール・アット・ワンス』（22）でミシェル・ヨーがアジア女性初の主演女優賞を射止めたのは記憶に新しいところです。賞レースが「作品の良し悪し」と等価でないのは百も承知ですが、ハリウッド映画界の動向はイギリスにも影響します。

英映画／ドラマ界は、まず俳優の動向が顕著でした。2008～2018年あたりまで圧勝だったMCUフランチャイズのPOC出演者を例にとると、イギリス人俳優は意外と多いんです（イドリス・エルバ、レティーシャ・ライト、ダニエル・カルーヤ、キウェテル・イジョフォー、ベネディクト・ワン等）。ただ、これは裏を返すと、英国内で「主役もしくは重要な役どころ」を演じるチャンスが彼らには少なく、ゆえにアメリカに活路を求める＝一種の「才能流出」な面もあったということです。

一方、同じく大フランチャイズである『スター・ウォーズ』のディズニー・リブートでは、ストームトルーパーを演じたペッカム生まれのジョン・ボイエガに対し、古株の『SW』ファンから人種差別的コメントがぶつけられた（ヴェトナム系アメリカ人のケリー・マリー・トランもオンラインで誹謗中傷を受けました）。どちらもJ・J・エイブラムスがリブートを指揮したものの、もともとレインボーな『スター・トレック』とは異なり、『SW』は21世紀的多文化世界になりにくかったようです。地球ではない惑星で起きた架空のSFサーガにもかかわらず、これはとても皮肉だと思います。ボイエガは、2020年のハイド・パークでのBLMプロテストで非常に熱い演説をおこないました。まだキャリアの浅い俳優には、あれはかなり勇気のいる行動だったでしょう。

そう考えると、イギリスには才能・人材が多いのに機会が乏しく、アメリカでは「肌の色の壁」がいまだ厚く、POCはお飾り的な「トークニズム」になることもあると言えるかもしれません。この状況の改善策のひとつが、表に立つ役者だけではなく裏で仕切っているコンテンツ・クリエイター、すなわちプロデューサー／作家／監督層の強化です。イギリスは努力していて、『どん底作家の人生に幸あれ』（19）でデヴ・パテールがデヴィッド・カッパーフィールドを演じるといったカラーブラインドな配役例が増え、先述のスティーヴ・マックィーンを筆頭にミカエラ・コールら「ブラック・ブリティッシュの現実」を描く作家が高い評価を受けている。作者は白人ですが『トップボーイ』もその潮流のひとつと言えますし、今年公開されスリーパー・ヒットになった映画『Rye Lane』はペッカムを舞台にしたブラック・キャストがメインのキュートなロムコム（音楽はKwesが担当）。シリアスなドラマからコメディまで、ジャンルの幅が広がっています。

イギリスは毎年10月が黒人歴史月間（Black History Month）に当たり、理解を深める文化行事や企画が組まれますが、市民権運動、キング牧師、マルコム・Xといったアメリカ史に較べ「イギリスの黒人の葛藤」はあまり触れられてこなかったそうです。今年の世論調査で、回答した英国成人の半数以上はブラック・ブリティッシュの歴史的人物——作曲家サミュエル・コールリッジ＝テイラー等——をひとりも挙げ

5

Babyfather
BBF Hosted By DJ Escrow
Hyperdub（2016）
UKの雑食的クラブ・カルチャーから聴こえる多彩なビートの数々。逆説の天才、ディーン・ブラントによるプロジェクト。若きコビー・セイも参加した、英国への異議申し立て。

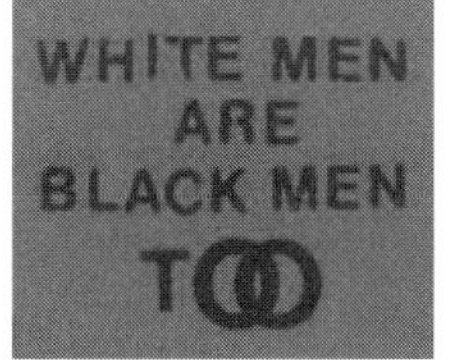

4

Young Fathers
White Men Are Black Men Too
Big Dada（2015）
革新的なサウンドもさることながら、「白人だって黒人ですよ」という、人種に関する議論をうながすテーマ。エジンバラの黒人2名と白人1名のトリオによる問題作。

3
Sons Of Kemet
Lest We Forget What We Came Here To Do
Naim Jazz（2015）
10年代におけるブリティッシュ・ジャズの興隆の中心にはシャバカ・ハッチングスがいた。UKにおけるアフロ・ジャズを構築した、サンズ・オブ・ケメットのセカンド・アルバム。

られないとの結果が報じられましたが、ブラック・ブリティッシュですら、自国の自分たちのコミュニティの歴史を教わってこなかったと言えます。それだけメディアにおける提示が少なかったのでしょうし、クリエイターにも「自分の物語」を語る機会がメインストリームの場になかなか訪れず、ドキュメンタリーや実験映画、インディのチャンネルに向かいがちだった。その状況は、BLMの影響でイギリスの過去——奴隷貿易、帝国主義——と、それが育んできた隠された差別が検証されている今、変化しています。

この「裏方／仕切り役」の不足は、20年のBLMの盛り上がり以降、音楽業界でもクローズアップされた点のひとつです。なかでもインディ音楽界は、基本的に「業界の前衛」であり「革新の砦」的存在ですから、変化を求める風潮には敏感に反応していると思います。ただ、野田さんがおっしゃる通り、ラフトレがSaultの『Untitled』を年間ベストに選んだのはたしかに印象的だったものの、翌21年はドライ・クリーニング、22年はジャック・ホワイトと、英インディ界の「白人ギター・ロック」の基本アジェンダはシフトしていないように私は感じています。選ばれた全作品が大事ですし（たとえば21年の2位はアーロ・パークス、3位はリトル・シムズでした）、作品そのもので評価した結果とはいえ、この手のリストでは結局「1位はどれか」が最重視されますし、そのメディア／業界のメッセージとして大雑把に拡散してしまうものです。

野田　うむうむ。

坂本　また、BBCや大手新聞を始め、英主流メディア空間は伝統的に中流以上の名門大卒エリート白人が優勢を占めてきました。政治家も、大半はそうです。この「White Privilege」は、ある種の「盲点」です。ラジオやテレビから流れる「声」も紙面に踊る「文字」も、長らく「白かった」と言えますし、文化／政治／社会の公な言説を定めるのは「彼ら」、それに従うのが「我々」、という図式がサブリミナルに浸透する。ですが、包括性の重要さがより認識されたことで、この点も変化しつつあります。それに、ネットやテクノロジーのおかげで古今東西の音楽や情報に瞬時にアクセスできる現在、PCや携帯で音楽を作ったりDJをやったり、映像やポッドキャスト等のコンテンツも作れる。その意味でクリエイター／発信元の裾野と視野は広がりましたし、テレビや紙といった旧メディア離れの強い若い子はTikTok等のツールを享受し、独自のエコシステムを作っています。そこらへんは心強い。

ただ、デジタル・ネイティヴ以前の世代がまだ残っている推移期なので、音楽業界は彼らを文化消費者層として無視できない。というか、お金と余暇がある世代である彼ら中高層は、SNS上での「いいね！」やストリーミング数だけではなく、お金をフィジカルに落とせる。そうした世代を安心させるためにも、伝統的なメディア・アウトレットはあまり急進的になれない面もあるかと思います。

2021年にBBCは「Do Black Lives Still Matter?」というドキュメンタリーを制作しました。世界中の多くの企業がBLMに賛同し「We Stand With You」のメッセージや誓約を掲げ、資金を投じましたが、「有言不実行な『パフォーマンス』では？」との声も上がりました。ジョージ・フロイド事件の野火のような波及ぶりには、パンデミック下のストレス状況や心理も作用したと思いますし、ツイッターやインスタにとりあえず■をアップするだけでは、「Virtue Signaling（己の美徳のアピール）」と批判されても仕方ありません。というわけでそこから1年後、果たしてどれだけ実変化したのか？を検証する内容の番組で、3話のうち1話のテーマが音楽業界でした（残りはアディダス他の大ブランド、そしてサッカー等のスポーツ界）。

6
Stormzy
Gang Signs & Prayer
#Merky (2017)
ブリティッシュ・ブラックのエースであり、UKグライムの大物ラッパーであり、グラストンベリー・フェスでトリを務めるほどのいまやUKポップ界を代表するアーティスト。これはそのデビュー作。

7
Big Joanie
Sistahs
The Daydream Library Series (2018)
ビッグ・ジョーニーはLGBTパンク。サーストン・ムーアのレーベルからリリースされたデビュー・アルバム。ロカビリーやサーフ・ロック、60年代のガールズ・グループなどを引用しながら、女パンクの新境地を開拓する。

8
Dave
Psychodrama
Neighbourhood (2019)
グライムは宿命的に政治的と言えるが、新世代ラッパーのデイヴは彼の叙情的な音楽のなかにUKの福祉や警察、あるいは軍事に対する抗議を表明する。いまもっとも評価の高いMCのひとり。

先述した特別委員会による意識調査も取り上げられ、そのデータによれば英音楽業界従業者の約2割はPOCで、2016年より確実に「数」は増えている。英国人口全体に占めるPOCの割合が14パーセント程なので、比率で言えば納得の数です。ところが音楽業界のメイン・ハブである大都市＝ロンドン、バーミンガム、マンチェスター等はPOC人口が4割近い。現音楽シーンがどれだけブラック・ミュージックに借りがあるか考えれば、番組の発した「黒人のリペゼンが足りないのではないか」の声も理解できる。かつ、POC従業員がインターン他で入社しても、シニアレベル（最低5年程度の経験者）に出世する率が低いそうです。取材を受けた黒人女性は、「社内で上層に行けば行くほど、自分のような見た目の人間がゼロに近くなる。ゆえにポストをめぐってPOC同士での競争も激しくなるし、なかなか出世できないのは肌の色のせいなのか？　とパラノイアになる」と語っていました。いわゆる「ガラスの天井」というやつです。また、直接／間接的な人種差別やハラスメントを職場で体験したと回答した人は、調査対象の8割以上にのぼります。

この番組でもうひとつ面白かったのは、「ブラック・ミュージック」の定義に当てはまらないPOCアクトの声です。取材を受けた一組であるニューメタル系バンドのノヴァ・ツインズは、「白人アクトはロックもラップもヒップホップも、ジャズもR&B／ソウルも、何でもやれてジャンルフリー。一方で、黒人系アクトは『ブラック・ミュージック』に押し込まれがち」という旨の発言をしていました。今どきの若いブラック・ブリティッシュなら、R&Bかヒップホップかグライムかドリルをやれとレーベルから示唆されるそうで、彼女たちのようなパンク〜ハード・ロック〜オルタナ系アクトは少数派なのでマーケティングされにくい。イギリスではおそらく、過去にスカンク・アナンシーがこのカテゴリーに入ったくらいでしょうし、ジミヘンを生んだアメリカですら、デスやバッド・ブレインズあたりのパンク勢が登場するまで「黒人のハード・ロック・バンド」は珍しかった。数年前に大ヒットしたリル・ナズ・Xのカントリー・トラップ〝オールド・タウン・ロード〟が、ビルボードのカントリー・チャートからいつの間にか除外されていた一件もありました（ヒップホップ／R&Bおよび総合チャートでは1位）。

ただ、サンダーキャットがスーサイダル・テンデンシーズで弾いていたことがあったり、ブラッド・オレンジことデヴ・ハインズはソロに転じる前にダンス・パンク系のテスト・アイシクルズをやっていました。ヤング・ファーザーズはめちゃロックですし、アーロ・パークスが90年代オルタナやパラモアの大ファンだったり、あのインフローも、最初に注目を浴びたきっかけはザ・クークスのアルバム・プロデュースでした。パンク／インディも好きで自然にクロスオーヴァーしている、汎ジャンルな「アフロパンク」層は以前より顕在化しています。

イギリスには、「黒人由来の音楽を讃える」のを目的として1996年に始まったMOBOという音楽賞があり、主にR&B、ソウル、ヒップホップを対象にしてきました。国内に限らず米国アクトやアデル、サム・スミスも受賞しましたが、「黒人由来」の定義を押し進めると、チャック・ベリーやリトル・リチャードを誇るロックがそこに含まれてもおかしくないだろう、と。ノヴァ・ツインズは2020年にMOBOに対し「新たにオルタナティヴ部門を設定して欲しい」と公開状を送りました。同賞は昨年、初のオルタナ部門（およびエレクトロニック／ダンス部門）を発足させ、ノヴァ・ツインズやクィアパンクのリトル・ジョーニー、スリップノットのコーリーと共演したキッド・ブッキーら新波がノミネートされ、グライムMC／シンガー＋ドラムのデュ

9
Loraine James
For You And I
Hyperdub (2019)
20年代に広く知られることになるロレイン・ジェイムスだが、〈ハイパーダブ〉から最初のこの作品を最高作とするムキも少なくない。アルバムの冒頭は、彼女の名刺代わりの曲“Glitch Bitch”。

10
Little Simz
Grey Area
Age 101 Music (2019)
ケンドリック・ラマーから賞賛された、知性とエモーション。その才能を広く認めさせた3枚目のアルバム。生楽器のよるオーガニックなサウンドをバックに、彼女の表現力豊かでエネルギッシュなフローが炸裂する。

オ、ボブ・ヴィラン（Bob Vylan）が第一回受賞を果たしています。

　というわけで、最先端音楽に限らず、様々なジャンル――ロックやニューメタル――にもBLMの影響が現れてきている過程かと思いますし、今後の英音楽業界の取り組みと、そこからどんな成果が生まれるかを継続的に見守るのが大事かな、と。ジョージ・フロイドから「もう3年」とも言えますし、「まだ3年」とも言えますが、システマチックで制度的な差別の解体は一朝一夕では済みません。ジョージ・フロイド事件が起きる前＝2020年2月の（英版レコ大こと）BRITS授賞式で、デイヴのおこなったパフォーマンスは本当に素晴らしかったんですが、そこで彼はウィンドラッシュ事件（＊1）とグレンフェル大火災被害者（＊2）に対して正しい措置がとられることを求め、英マスコミのメガン・マルケルの扱いを批判し、当時の英首相ボリス・ジョンソンを「人種差別主義者」と糾弾し、大喝采を浴びました。過去3年間に取材したブラック・ブリティッシュのアクトから「BLM運動以前から、自分は黒人の窮状を訴えてきた」という回答が何度か出たように、差別はUKの政治や社会に歴史的に長く、広く、見えにくく、深く根付いている問題です。「自分は人種差別主義者じゃないから」とか、「自分にはPOCの友人がいるから」といった個人レベルの話ではありません。BLMをきっかけにあぶり出され、再燃したこのアウェアネスの火を絶やさないよう、各方面から声を発し、プレッシャーをかけ続けるしかないんじゃないでしょうか。

野田　先日、デトロイトのワジードというDJ／プロデューサーに取材した際に、BLMで何か変わったかと訊いたら、「少なからずは」と答えました。だから、少なからずは良かったことはあったのでしょう。先月、中学生の娘の合唱発表会があって行ったんです。娘たちのクラスが歌ったのが、奴隷制時代の労働歌だったんです。これにはちょっと感動しました（笑）。娘たちは自ずとその歌の背景を知りますからね。そうそう、話は変わりますが、いまは中学校内のカリキュラムに選挙のシミュレーションもあって、少しずつ日本も前進しているのかも、と思った次第です。本当は、この対談の流れで坂本麻里子の10年代とは何だったのかを聞き出そうと密かに企んでいたのですが、もう文字数がいっぱいなので、諦めます。ありがとうございました。勉強になりましたよ〜。

坂本　インフォダンプになってしまいすみません。とはいえ自分もまだまだ無知なので、無知を恥じずに謙虚に学んでいきたいです。

（※1）第二次大戦後の深刻な労働力不足に陥っていたイギリスに、1948年に「ウィンドラッシュ号」に乗ってカリブ海諸国から移民した英臣民第一世代にちなむ。2018年に彼らの強制送還・誤拘束といった事件が続発しスキャンダルになった。

（※2）2017年に起きた低所得者層向け公営高層団地火災。延焼の要因のひとつとして改修時に用いられた劣悪な外壁材が指摘される等、公団管理に批判が集まった。

2010年代の名盤／偏愛盤

ライターが選ぶ　いまこそ聴きたい

２０１０年代後半のある日、渋谷駅で停車中の井の頭線のなかに、ブランドものの服を着た若い３人が入ってくるや、「これこれ」と、お互いのスマホの画面を見せ合いながら、イヤホンで音楽を聴きはじめた。横目でちらっと見ると、画面にあったのはＦＫＡツイグスの新譜だった。いまこれがイケてる音楽、ということなのだろう。音楽がなかば情報になってしまった今日、3年前の音楽でいまも聴き続けている音楽はそう多くはない。だが、何年ものあいだ自分の机のすぐ近くに、部屋の再生装置の脇に置かれ続けている音楽だってある。10年という歳月のなかでリリースされた作品からわずか10枚のみを選ぶのは至難の業だが、ライター諸氏に無理をいって、10枚限定でいまも聴いている偏愛盤を公開してもらった。

Favorites from the 2010s

いまこそ聴きたい2010年代の名盤／偏愛盤 1

選・文　天野龍太郎
selected & written by Ryutaro Amano

新しもの好きで飽きっぽい私にとっての10年代の音楽を振り返ってみると、複数の領域に手当り次第に同時にアクセスしていたし、それができた環境が10年代だったと思う。その節操のなさも、インターネットがあってこそ。SoundCloudとBandcampは流通革命を起こしたと感じたし、ヴァイナルの復活やストリーミング・サービスの台頭には恩恵を受けた。音楽について語りあう場は、Tumblrやブログ・カルチャーが一時盛り上がったものの廃れ、ソーシャル・メディアに分散。オンライン・アンダーグラウンドではヴェイパーウェイヴやフューチャー・ファンクの連中によって「海賊盤」が量産された一方、ゼロ年代に蔓延った違法ダウンロードから教訓を得た音楽産業はあらゆるものをクリーンにしていった。前半5年はかなりカオスだった。

ゼロ年代後半から国内のインディ・シーンに興味を持った私は、自分がバンドをやっていたこともあって、リアルでもネットでも交友関係が広がっていった。他方、英米のインディ・ロックは２００９年のピーク（それはピッチフォークのピークでもあった）を境に保守化したように感じたが、その反対側にはオンライン・アンダーグラウンドとタイニー・ミックス・テープスがあった。ＴＭＴは、SoundCloudとBandcampとYouTubeに無数に転がっているわけのわからない音楽を掬い上げていたのだ。そうこうしているうちにソフィーと〈ＰＣミュージック〉が現れ、ハイパーポップやディジコアが準備され……（ソフィーは21年に亡くなり、〈ＰＣミュージック〉は今年、事実上の終わりを迎えた）。また、テン年代前半はミックステープの時代でもあって、ヒップホップの中心がオ

1 偏愛盤／偏代の名盤：

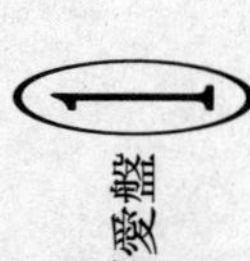

①E+E
The Light That You Gave Me to See You
self-released (2013)

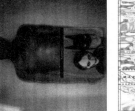

②Devon Hendryx
THE GHOST-POP TAPE
self-released (2013)

③Dorian Electra
Flamboyant
self-released (2019)

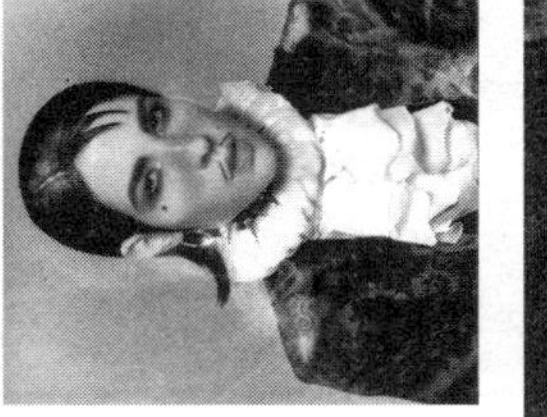

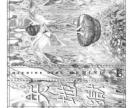

④Machine Girl
Gemini
Orange Milk (2015)

⑤Vince Staples
Big Fish Theory
Blacksmith / Def Jam (2017)

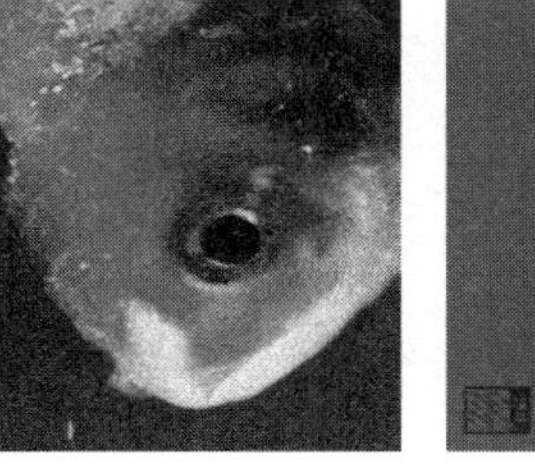

⑥SHINee
1 of 1
SM Entertainment (2016)

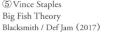

⑦f (x)
4 Walls
SM Entertainment (2015)

⑧The Brave Little Abacus
Just Got Back From the Discomfort—We're Alright
self-released (2010)

⑨Jeff Rosenstock
WORRY.
SideOneDummy / Quote Unquote (2016)

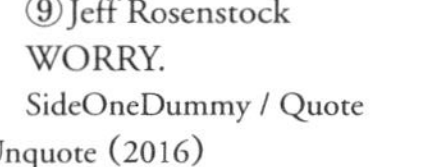

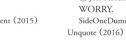

⑩DJ Healer
Nothing 2 Loose
All Possible Worlds (2018)

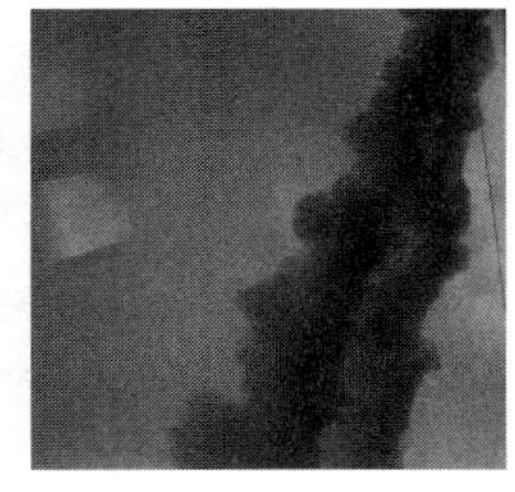

ンラインにあった。本当に、あらゆるものがネットの海を漂っていた。

リストに挙げた作品は最近発見したものを含んでいるので、そんな記憶とともにあったりなかったりする。"self-released"の作品が多くなったのも、あの10年ならでは。思い出深いものでは、エリシア・クランプトンが過去の名義E＋Eで発表した①（廃盤）。オンライン・アンダーグラウンドのカオスが凝縮されている。②も共通する空気が刻まれているが知ったのはリリース後、かなり経ってから。JPEGMAFIAの初期の怪作だ。③はソフィーとハイパーポップを架橋するクィア・スターによるエクスペリメンタル・ポップの傑作で、『ユリイカ』のハイパーポップ特集号のための原稿を書く際によく聴いた。

2018年、フィッシュマンズが高く評価されていることが国内で話題になったRate Your Musicの面白さに開眼し、次第に入り浸るようになった。④は〈オレンジ・ミルク〉からリリースされているので知っていたが当時はスルーし（2014年に発表された『WLFGRL』はよく聴いていた）、最近"Atmospheric Drum and Bass"というジャンルのページを見ていて再会。現在、あらゆる面で進んでいるドラムンベース・リヴァイヴァルなどと結びつけて考えたい。⑤の先見性は今年、Xのタイムラインで言及されていて、たしかにと思った次第。UKGのヒップホップ的再解釈などが早すぎた。その流れで聴ける（?）⑥⑦は、Bunnies（NewJeansのファン）が聴くべきK-POPの名盤。いまや分裂状態になったLOONAの各作も重要である。

宅録エモ・アルバムの⑧は、バンドの解散後に4chanから火がつき、エモ・リヴァイヴァルの流れに直結した運命的な作品（似た例にパンチコ（Panchiko）のCD－Rがあるが、こちらは16年越しの再発見）。⑨は、ele-kingはジェフ・ローゼンストックを推してほしい！という思いから選んだ現代パンクの快作。泣ける。

⑩は、あらゆる文脈から切り離された孤高のアンビエント・ハウス・レコード（こちらも廃盤）。ライターの坂本哲哉のポストで知って耽溺した。

いまこそ聴きたい2010年代の名盤／偏愛盤②

選・文　河村祐介
selected & written by Yusuke Kawamura

　2010年代の私は、とにもかくにも二束三文のクラブ・ミュージックのCDを大量に買い漁っていた。テクノ、ハウス、トリップホップ、ジャングル、定番からうっすらとレヴューでみたことのある盤まで、1980年代末から2000年代のものを中心に大量に。こうして買ったCDはリッピングし、ロスレス（CDと同等音質）でアーカイヴする。これは現在の会社（デジタル音源のストア）に入ったこと、そしてダンス・トラックなどの輸入新譜におけるデータ購入への移行とももちろん関係しているし、こうして買い集めたロスレス大のデータ・アーカイヴを可能にしたストレージの巨大化・低価格化、さらにはDJのデータ利用が定番化していったのを横目でみていたというのも原因のひとつでもある。が、なによりこの行為に対して背中を押したのは実は音質である。CD音質の良さの再確認だ。iPodの普及で一時期的に圧縮音源にならしていた耳でさまざまな音源を聴くと、さまざまなサウンドのテクスチャーを聞き逃していたことが大いにわかったのだ。これを可能にしたのは、もちろん日々進化するイヤフォンなどのデバイスの能力向上もある。

　新譜とともに、この「確認」を繰り返していたのが自分の2010年代の記憶で、正直、時代性というのはあまりないのかもしれないが、ひょっとするとCDの復権なんてことも言われている昨今を考えるとあながち先見の明がとも思うが買い被るのもよくない。ともかくサブスク全盛の時代とはある意味で逆行するものというのは間違いないだろう。ああ、あまり好ましく思っていなかったニューエイジ・リヴァイヴァルに対する、「それがなし」だった時代を「確認」するなんらかの小さなカ

Various
Livity Sound
Livity Sound (2013)

Enitokwa
2069
non-entertainment-research (2016)

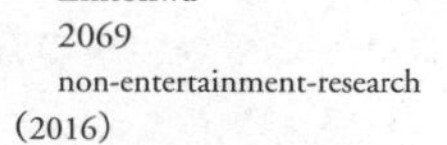
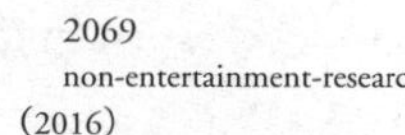

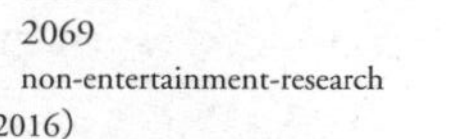

Microlith
A.D.S.R
self-released (2014)

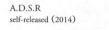

goat
Rhythm & Sound
Unknownmix (2015)

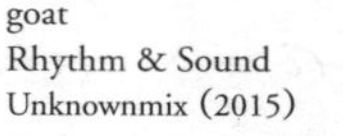
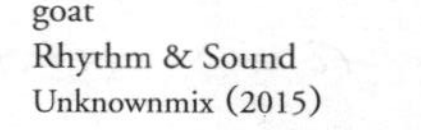
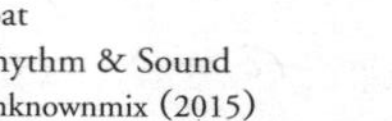
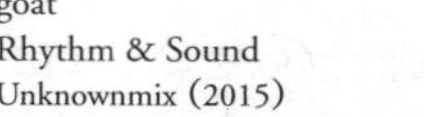

Jay Glass Dubs
Jay Glass Dubs
Hylé Tapes (2015)

Aphex Twin
Syro
Warp (2014)

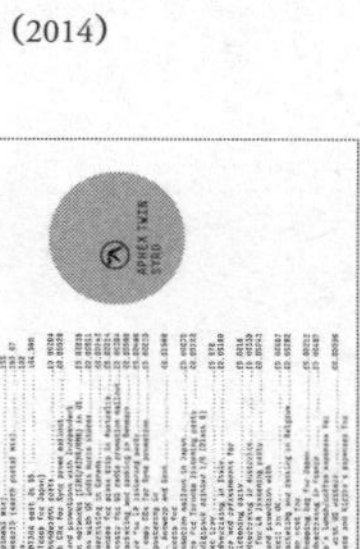

The Woodleigh Research Facility
The Phoenix Suburb (And Other Stories)
Rotters Golf Club (2015)

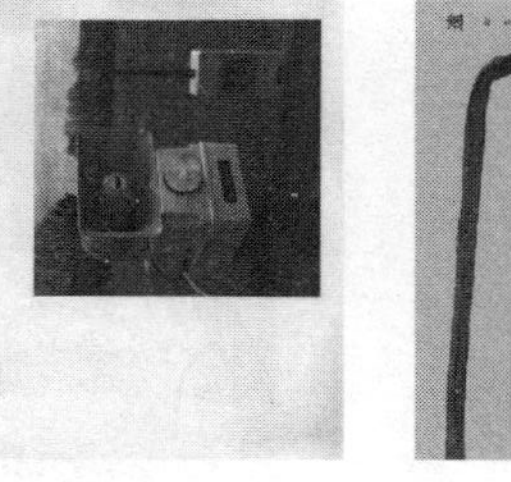

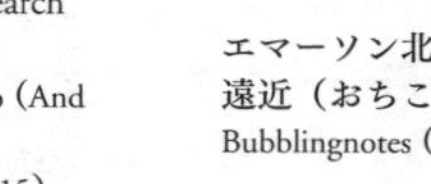

エマーソン北村
遠近（おちこち）に
Bubblingnotes (2014)

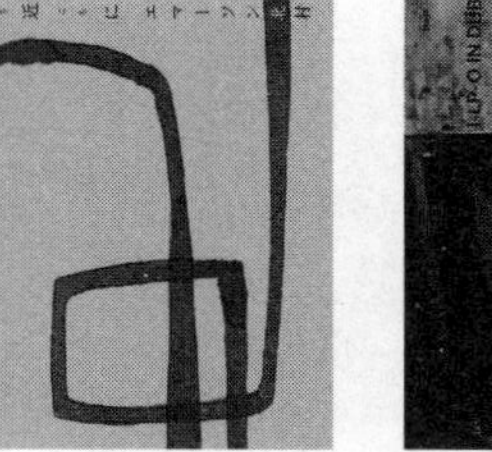

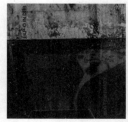

I-LP-O In Dub
Communist Dub
Editions Mego (2015)

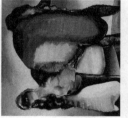

Gabby & Lopez
Twilight For 9th Street
AWDR/LR2 (2012)

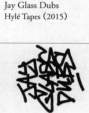

ウンター意識もあったのかもしれないといまとなっては思うことはある。

と、そんな時代に、こうして構築された、サブスクとは違った、自分の気になる、好きな音源だけを集めた自作の箱庭とも言えるデジタル・アーカイヴのなかにおいても、いま現在でも検索で呼び出す作品は決して多くないことに気づく。まず〈Livity Sound〉のコンピとエイフェックス・ツインのカムバック作『Syro』は、最近の作品を聴いていていつも頭をよぎる作品だ。〈Livity〉には昨今のダンスホール的なサウンドやブロークンなテクノの多くの要素の萌芽がすでにそこにあるし、またＩＤＭ的なメロディやブレインダンス的なサウンドのダンス・フロアでの復権は、『Syro』でエイフェックス・ツインがシーンに帰ってきたことによってもたらされたと感じることが多い。２作とも、現在聴くべき文句なしの名盤だ。

また上記の過去作を買い集めるなかで、改めて90年代の日本のアンダーグラウンドなテクノの底力を知ったのが２０１０年代でもあった。それこそ当時から持っていた盤を再度「確認」し、またカタログの隙間を埋めるように多くの盤を集めていった。Enitokwaもそうしたアーティストのひとりで、そんな時期に、リアルタイムの新作として聴いたEnitokwaの２０１６年作『２０６９』は、90年代の国産テクノが国内外でたくさんリイシューされるいまでこそ「確認」されるべき作品だと思う。MicrolithはBandcampによってその作品に出会えることができたＩＤＭ～エレクトロの才能。２０１７年に急逝してしまったというのもあって、自分にとっての２０１０年代を形作っている。さて、そのほかはこれまで紹介する機会のなかった、されど検索し、アーカイヴからよく呼び出す機会の多い作品ということで、ここはひとつ。

いまこそ聴きたい2010年代の名盤／偏愛盤 3

選・文 木津毅
selected & written by Tsuyoshi Kizu

エレキングにはじめて寄稿したのが２０１１年の頭だから、個人的な観点としてはライターとして活動を始めたディケイドという側面が大きい。そして、自分は10年代における社会的潮流の恩恵を直接的に受けた人間だと思う。２０１０年の時点でＬＧＢＴなんて言葉を使うひとは世のなかにほとんどいなかった。僕がいまオープンリー・ゲイとして物を書く仕事ができているのは、この10年で人権意識が変化したことの影響もあるだろう。00年代にはテレビに溢れていたホモネタがとりあえずアウトになっただけでも、日本に生きるゲイとしてはずいぶん息がしやすくなった。

だから僕にとっては、10年代は「コレクトネス（適切さ）」に助けられ、しかし同時に戸惑い続けた10年だった。ポリティカル・コレクトネスの基準が更新されたことで良くなったことは多々ある、本当に。だけどそれがＳＮＳで誰かを吊るし上げるための武器として使われれば、マイノリティの生が政治の議論に利用され、回収されるような感覚を抱いてしまう。そして２０２３年の末、オープンＡＩはいまの世のなかにおける「適切な」価値観を一瞬で出力し解説してくれる。けれど、適切ではない人間の心の場所はどこに？

２０２０年代、アメリカでカントリーがたしかな切実さをともなって回顧されているのは必然だろう。都会を中心とした「進歩的な」価値観だけでは掬えない人間の感情というものがあり、そしてそれは田舎の音楽が語り続けてきたことだった。もしくは取るに足らない庶民の人生について。いまやスコセッシの映画にも出演するようになったスタージル・シンプソンのライヴを僕がウィスコンシ

Anaïs Mitchell
Hadestown
Righteous Babe (2010)

Bill Callahan
Apocalypse
Drag City (2011)

Richard Dawson
Nothing Important
Weird World (2014)

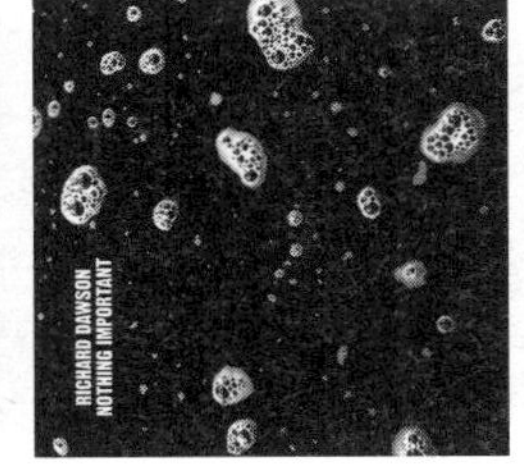

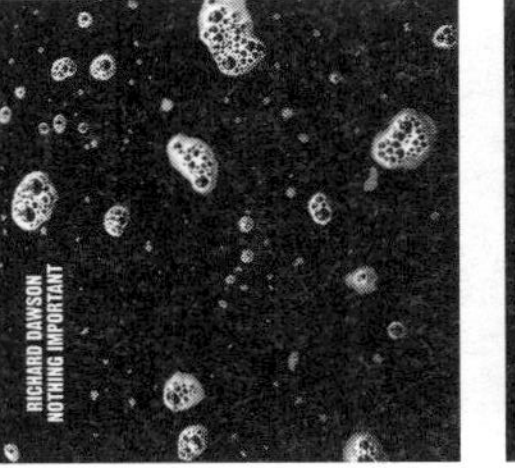

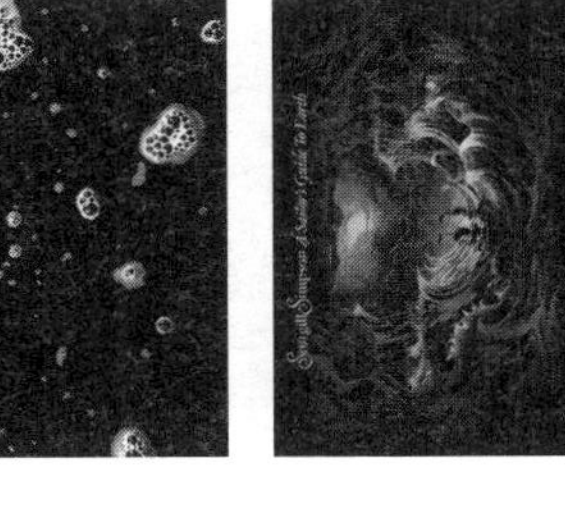

Sturgill Simpson
A Sailor's Guide to Earth
Atlantic (2016)

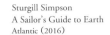

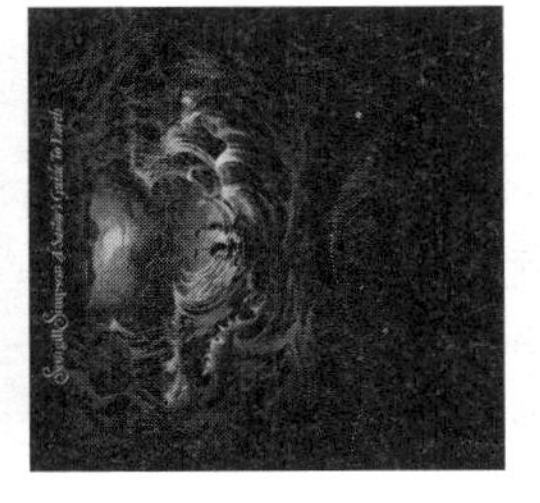

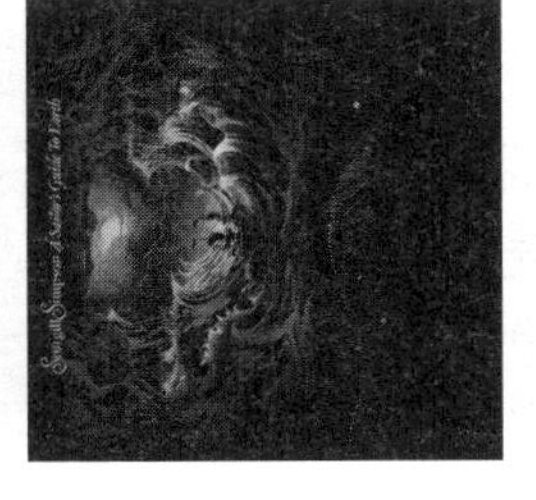

Lana Del Ray
Lust for Life
Polydor / Interscope (2017)

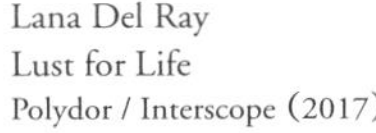

Janelle Monáe
The ArchAndroid
Wondaland / Bad Boy / Atlantic
(2010)

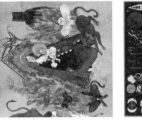

John Grant
Pale Green Ghosts
Bella Union (2013)

Father John Misty
I Love You, Honeybear
Bella Union / Sub Pop (2015)

Bon Iver
22, A Million
Jagjaguwar (2016)

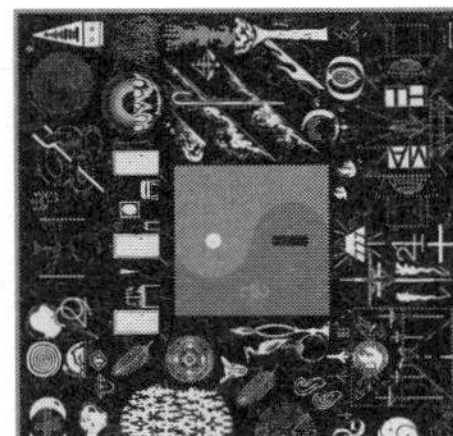

John Prine
The Tree of Forgiveness
Oh Boy (2018)

ンで見たのは15年のことだが、オーセンティックなあまり自分には現在のものとは思えなかった。が、海軍あがりのシンプソンによる伝統的なスタイルのカントリーは、時代に取り残されつつある人びとの感傷も鳴らしていたのだといまならわかる。それに、彼の代表作『A Sailor's Guide to Earth』はオルタナティヴ・ロックも取りこみながらカントリーをアメリカのモダンなロックに包摂させようとした野心作だ。あるいはアメリカーナをコンセプチュアルな演劇として構築したアナイス・ミッチェルや、より実験的な音響で鳴らしたビル・キャラハンは、古い音楽をいかにして現代のものとするかの実践として聴き直すことができる。そしてジョン・プラインの遺作は、カントリー・ロックの巨匠の豊饒な過去への入り口になるだろう。

ジョン・グラントとファーザー・ジョン・ミスティとラナ・デル・レイは危うい心情を歌うシンガーソングライターとして。結局のところ僕がひとりでひっそりと聴くのは、時代が変わってもそんな音楽ばかりだ。いっぽうでリチャード・ドーソンは天然であっけらかんと逸脱しているとでも言えばいいのか、そのウィアード・フォークは規範からはみ出す勇気を与えてくれる。

もちろん、10年代の音楽が描こうとした変革への意思はいまもインスピレーションを与えてくれる。ポリアモリー的なモチーフがまだ世に受け入れられないのか最新作はこれまでほど話題になっていないように見えるジャネール・モネイだが、彼女がフェミニズムとブラック・パワーをある種のパーティとして打ち出したことは、様々な対立が顕在化しているいまだからこそ振り返る意味がある。そしてボン・イヴェールの『22, A Million』は、バラバラになった「人びと」が集まったときのハーモニーだけでなく衝突音も記録したアルバムだ。僕にとって10年代は、そのノイズから生まれる何かを探す時代だった。それはいまも終わっていない。

いまこそ聴きたい2010年代の名盤／偏愛盤

選・文　小林拓音
selected & written by Takune Kobayashi

暗い時代こそ音楽は輝きを増す——

00年代半ば、世間では非正規、ワープア、ネカフェ難民、失われた10年、ロスジェネ、奨学金ブラックリストなんて単語が飛び交っていて、きっとじぶんもそうなるのだろうと漠然と不安を抱えていた。しかしいま振りかえってみるとあのころはまだぜんぜんマシだったというか、秋葉原の事件があったとはいえ、かろうじて社会全体に余裕が残っていたのかもしれない。現在30代以上の方であれば、その後２０１０年代の日本がどういう道を歩んできたか身をもって体験済みのはずだ。ひるがえって海の向こうの音楽について考えてみると、耳を楽しませてくれる作品が数多く生み落とされたのもまた10年代だった。昨今はＹ２Ｋなる略語のもと00年前後の文化がリヴァイヴァルしているようだけれど、当時よりも10年代のほうが音楽的にははるかに豊穣だったのではないかと思う。

アーバン・トライブとして名作『現代文化の崩壊』（98）を残すデトロイトのシェラルド・イングラム。スティングレイ名義の『F.T.N.W.O.』は22年のリイシューで初めて聴くことになったのだけど、ドレクシア譲りのそのタフなエレクトロはやはり文句のつけようがない。〝Interest Rate（利率）〟では負債＝借金がテーマになっていて、これぞわが人生のサウンドトラックと思わせる生々しさを有している。劣化したサウンドを響かせるアクトレス『Ghettoville』もおなじ耳で聴ける一枚だ。前二作と比べると抽象度・実験度がだいぶ高まっており、ヴェイパーウェイヴにたいするブラックの文脈からの応答と呼べそうな曲もあったり。従来のアフロフューチャリズムは未来を希望に満ちたものとして

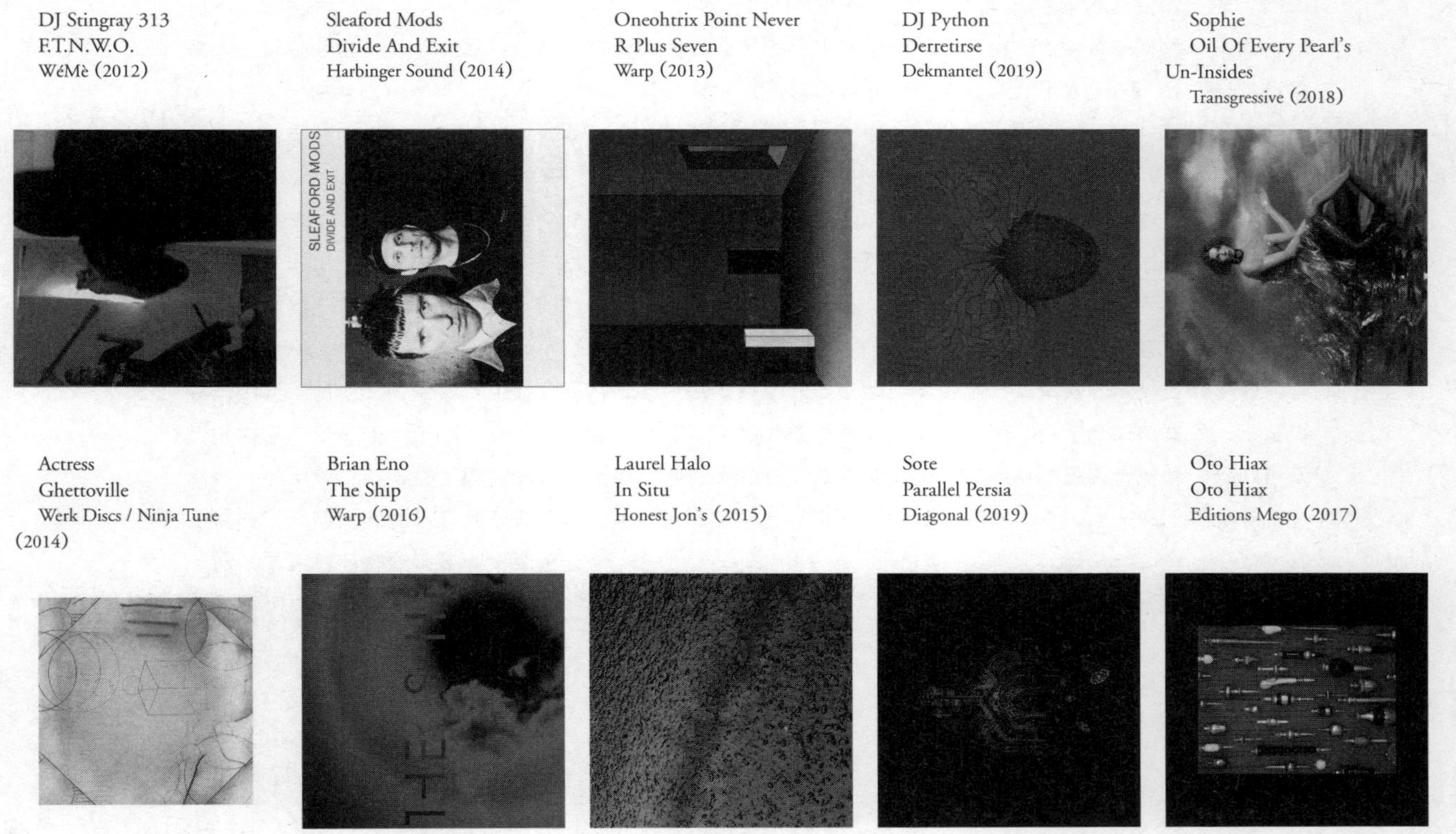

DJ Stingray 313
F.T.N.W.O.
WéMè (2012)

Sleaford Mods
Divide And Exit
Harbinger Sound (2014)

Oneohtrix Point Never
R Plus Seven
Warp (2013)

DJ Python
Derretirse
Dekmantel (2019)

Sophie
Oil Of Every Pearl's
Un-Insides
Transgressive (2018)

Actress
Ghettoville
Werk Discs / Ninja Tune
(2014)

Brian Eno
The Ship
Warp (2016)

Laurel Halo
In Situ
Honest Jon's (2015)

Sote
Parallel Persia
Diagonal (2019)

Oto Hiax
Oto Hiax
Editions Mego (2017)

描いてきたわけだが、アクトレスはそれをゲットーへと置きかえむしろ貧困の現実をつきつけている——そう同作を評したのはディフォレスト・ブラウン・ジュニアである。あるいは『緊縮財政の犬ども』で注目を集めたスリーフォード・モッズの14年作。リアルタイムではスルーしてしまったものの、日々編集長に重要性を説かれるなかでそのロウファイな煉獄ループの魅力に気づくことになった。

ソロ・デビュー50周年にあたる23年、キャリア初のソロ・ツアーを敢行したイーノがそのコンサートの中心に据えた『The Ship』も忘れがたい。アンビエントと歌と轟音を共存させた同作はもともと、ＷＷＩ１００周年を迎える14年、ＵＫを覆った愛国ムードに抗うところからはじまっている。戦争を経て２０２４年を迎えるいまだからこそ振り返っておきたい一作だ。

新作『Again』を発表したＯＰＮも外せない。今日でも『Ｒ＋７』が鮮やかに響くのは、代名詞ともいえるＪＵＮＯの音色を退けているからなのかもしれない。おなじく10年代電子音楽の前線を駆け抜けてきたローレル・ヘイローは全アルバムがすばらしいので選ぶのが難しいけれど、今回はジャズやデトロイト・テクノが独創的に解体されるＥＰを。イランのソウトはずっと高品質をキープ。23年に来日したなかではＤＪニガ・フォックスとＤＪパイソンが次のステージへと進んでいる印象で、だからこそ初期作がクラシックとして響いてくる（「O Meu Estilo」の奇妙さはいまなお有効だろう）。ファティマ・アル・カディリの湾岸未来主義、ブラック・ディアスポラの新たな共同体の可能性を探った〈ＮＯＮ〉とチーノ・アモービ、個性のかたまりのクライン、ダンス・ミュージックの冒険者リー・ギャンブルなども捨ておくわけにはいかないが、90年代組のエイフェックス・ツインが復活を果たしオウテカが健在ぶりを示してくれたのは嬉しいかぎり。そのオウテカの子どもともいえるソフィーはアルカと並び後続に多大な影響を与えている。00年代の最重要アーティスト、ベリアルの10年代の軌跡をまとめたコンピも必携。といいつつ個人的にもっとも偏愛しているのはOto Hiaxかも。

いまこそ聴きたい2010年代の名盤／偏愛盤

選・文　野田努
selected & written by Tsutomu Noda

この特集では〝ポップのリサイクル〟を話の切り口にしているが、もっとも早く強烈に過去を乱用し、そのリサイクルに惑溺したのは２０１６年1月10日に永眠したデイヴィッド・ボウイだった。彼にとってはロックンロールも参照元のひとつに過ぎず、目指したのはエルヴィスでもディランでもなかった。レコードおたくであり読者家でもあった彼のポスト・モダンぶりは、その好奇心の旺盛ぶりさえ失わなければ、今日の音楽作りにおける基礎になるかもしれない。グラム的なキャンプなアプローチとナルシズムだって、10年代に盛り上がったクィア音楽の基板だろう。彼の死は、レディ・ガガやニッキ・ミナージュのような、その影響を受けた女性アーティストの快進撃の真っ只なかでもあったから、なおさら大きな出来事だった。また、『Blackstar』というタイトルからは時代のblack musicからの影響もどことなく見えてくる。フランク・オーシャンの『Blond』は、ビヨンセやラマーのような黒人音楽の勝利の裏側にある、新たな段階を感じさせる作品だった。商品フェチ化の空しさ、ふざけたサイケデリアやメランコリーがアンビエントめいたテクスチャーをもって描かれた、実験的なブラック・ポップの傑作だ。そしてもちろん、テクスチャーを活かしたオルタナティヴR＆BといえばＵＫのティルザも忘れるわけにはいかない。

勤勉で蒐集好きな日本人が音楽を作る際に、サイモン・レイノルズがいうところの「レコード・コレクション・ロック」は有効な手段だろう。ＹＭＯがそうだし、渋谷系もそうだ。が、それは客観性重視であるがゆえのリスク回避に行き着くことがほとんどかもしれない。森は生きているは典型的な

Oneohtrix Point Never
Returnal
Edition Mego (2010)

Laurel Halo
Quarantine
Hyperdub (2012)

Frank Ocean
Blond
Boys Don't Cry (2016)

Tirzah
Devotion
Domino (2018)

The Art Ensemble of Chicago
We Are on the Edge (feat. Moor Mother)
Pi Recordings (2019)

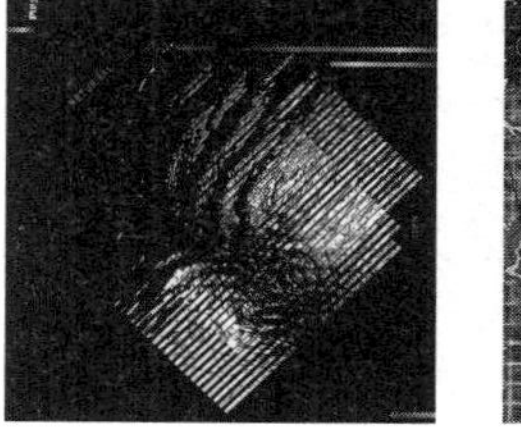
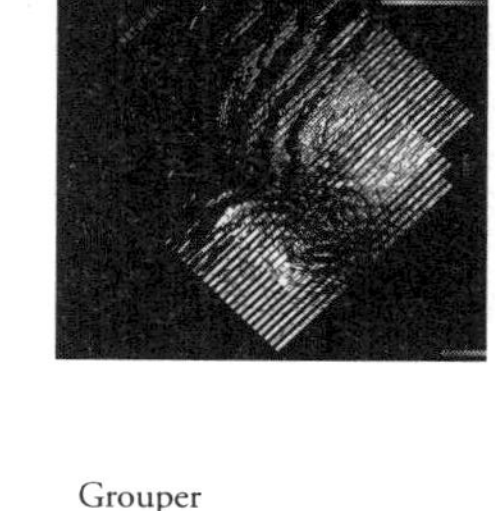

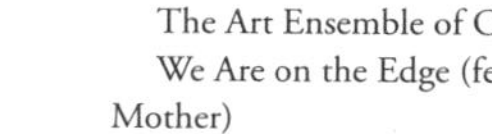

Grouper
A I A: Alien Observer
Yellow Electric (2011)

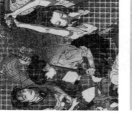

森は生きている
グッド・ナイト
Pヴァイン (2014)

坂本龍一
async
commmons (2017)

Laura Cannell
The Sky Untuned
Brawl (2019)

Klein
Lifetime
Ijn Inc. (2019)

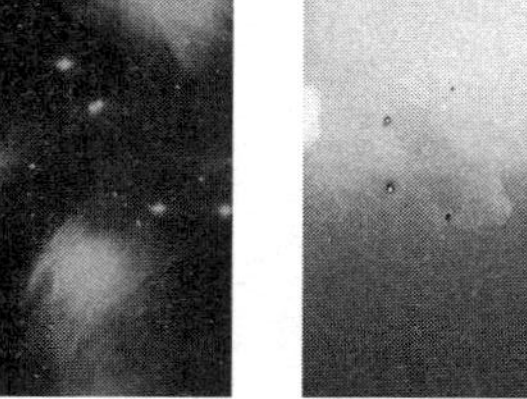
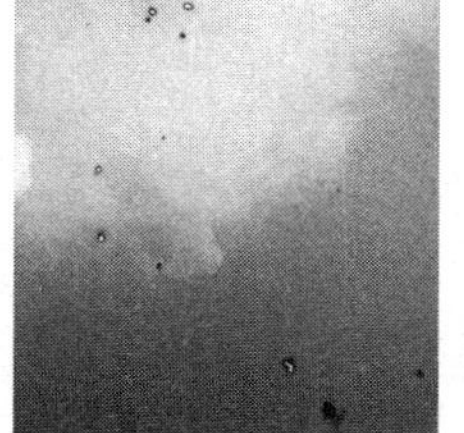
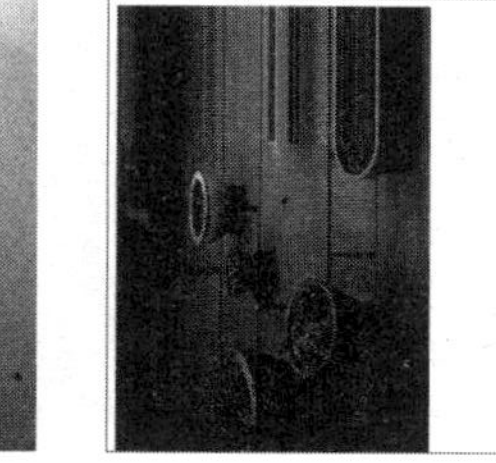

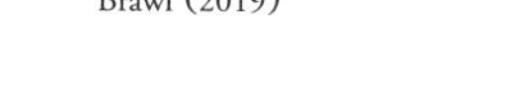
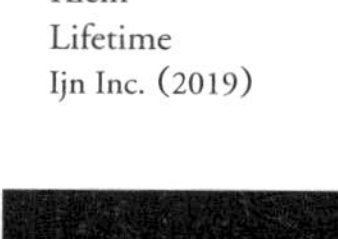

「コレクション」系で、『ミュージック・フロム・ビッグ・ピンク』のような大人のロックに心酔する若者の集まりだった。が、彼らのノスタルジアは信念と呼べる次元のもので、その強度ゆえに『グッド・ナイト』という傑作を作り、ノスタルジアが現在への批評にもなりうることを実証した。

個人的には、他人の目など気にしない主観の威力で突進する音楽を切望している。ラップ音楽が売れるのは、強力な主観（ラップ）と優れた客観（プロデューサー）がセットになっているからだが、サウンドにも主観が先走っている作品が聴きたいのだ。クラインの『Lifetime』は彼女の別格ぶりを示したばかりか、OPNの『Returnal』で幕を開けた10年代の締めくくりに相応しかった。エレクトロニカの新境地において、エリート主義にはならない爛漫さをもってR&Bのアヴァンギャルドを推し進めている。それは生命のアナーキーさを彷彿させる音楽で、だとしたら坂本龍一の『async』はその終着点に向かっている。自分がこの世界から消えること、その恐れと安らぎを音楽を通じてここまで深く感じたことは、いままでになかった。ちなみに、クラシカルな要素も10年代の特徴で、ここでは自然との交信をフィドルで表現するローラ・キャネルを挙げておきたい。

だいたい全作良いローレル・ヘイローのような人もいるが、忘れて欲しくない音楽家にグルーパーがいる。彼女の独創的な、アンビエントとも隣接するフォーク・サウンドもさることながら、数台のカセットテレコとミキサーを中心とした機材にも驚嘆した。そこにもし液晶画面で照らされた彼女の顔があったら、彼女に対する敬意も違ったものになっていただろう。なぜならグルーパーは、低い窪みの底で歌っているシンガーなのだ。最後に、過去を温ねることが現在に火をつけること、忘れられた記憶を呼び戻すことの好例を挙げておきたい。ムーア・マザーの声は力強く、その声と言葉は10年代の景色を変えるほどの威力を持っていた。「私たちはいま、勝利のためにどん底なのだ」

いまこそ聴きたい2010年代の名盤／偏愛盤 6

選・文　橋本徹（SUBURBIA）
selected & written by Toru Hashimoto

完全に時代遅れのアナログ人間で、音楽を聴くのはレコードもしくはＣＤだけだった自分にとって、２０１０年代はようやく、少しずつながらインターネットを通して音楽を知ったり、聴くようになった時代だった。

そうなったのは、２０１０年代の音楽が現在進行形で自分の趣味と近い、シンクロしていると割と早い段階で気づいたから。ＢＰＭが落ちてきて、メインストリームに近いシーンからも、自分の好きなメロウ＆グルーヴィーなテイストの音楽が生まれていた。

配信オンリーの素晴らしい音楽とたくさん出会うようになったのも、２０１０年代半ば以降だった。同時に、アフリカやラテン・アメリカの傑作とリアルタイムで出会い、愛聴するようになった。個人的にはインナー・シティー・ブルースを内包した音楽、特に（仮説としての）アーバン〝リベラル・ブラック〟ミュージックに傾倒したディケイドで、コンピ・シリーズ『Free Soul ～ 2010s Urban』はそのドキュメントだった。

僕は２０１０年代に、毎年12月に年間ベスト・アルバム（２０１５年からは年間ベスト・トラックも）のリストとその年の雑感を記していたブログを見直してみて、すぐにその豊作ぶりに、「当時はよさがわからなかったが、後でよさがわかった作品」や「リアルタイムではスルーしていたが、すごくいい作品」をリストアップすることはあきらめた。リリース当時に何度となく聴いた誉れ高い名作を、いまあらためて聴いてみたいと自然に感じたのだ（普段は新譜を聴いている時間が9割以上だから）。したがってここに選んだのは、輝かしい２０１０年代の記念碑ばかり。音楽性は様々だが、

編集者／選曲家／DJ／プロデューサー。サバービア主宰。『Free Soul』シリーズなどを手がける。カフェ・アプレミディ店主。

代の名盤／偏愛盤 6
偏愛盤 6

Paul Buchanan
Mid Air
Newsroom (2012)

James Blake
James Blake
Polydor (2011)

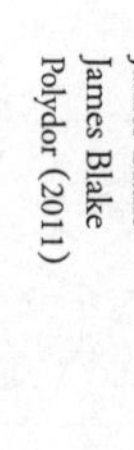

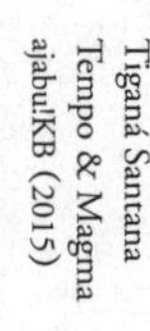
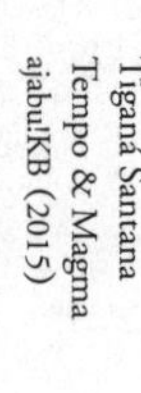
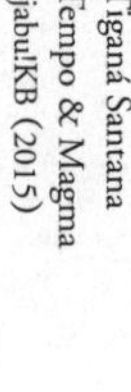
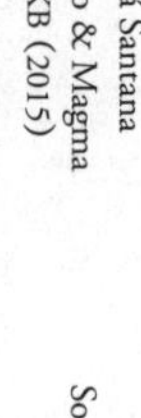

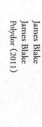

Kendrick Lamar
To Pimp A Butterfly
Top Dawg Entertainment
(2015)

Tiganá Santana
Tempo & Magma
ajabu!KB (2015)

Frank Ocean
Blonde
Boys Don't Cry (2016)

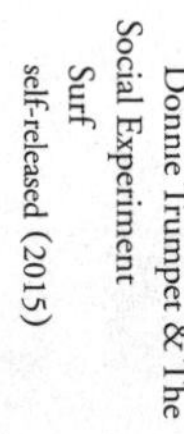

Donnie Trumpet & The
Social Experiment
Surf
self-released (2015)

Luedji Luna
Um Corpo No Mundo
YB Music (2018)

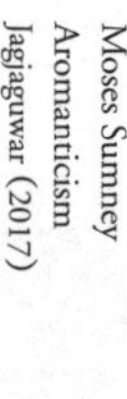

Moses Sumney
Aromanticism
Jagjaguwar (2017)

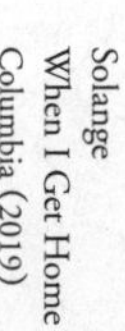

Solange
When I Get Home
Columbia (2019)

Mac Miller
Swimming
Warner (2018)

内省的な作品含め、どれも瑞々しい息吹が感じられると思う。

マック・ミラー／ケンドリック・ラマー／フランク・オーシャン／ソランジュは説明不要だろうか。いずれも僕も愛してやまない名盤中の名盤だが、この原稿を書くにあたり聴き直していたら、実は彼らのひとつ前のアルバムの方に、なんか無性に胸を疼かされてしまったことも特記しておきたい。まだ粗削りなところも含めて魅力を感じたのか、彼らの成長に思いを馳せたのか、自分にとってとっておきの曲が入っているからなのか。

ジェイムス・ブレイクは震災の直後、これしか聴く気になれなかったことを、鮮烈に憶えている。元ブルー・ナイルのポール・ブキャナンのソロ作も、その頃の内省的な自分の胸に沁みた〝ブルー・モノローグ〟。モーゼス・サムニーの登場は、ジェイムス・ブレイクとフランク・オーシャンによって決定づけられた２０１０年代の印象を、よりセンシュアルに深化させた。

ジャズとヒップホップを結ぶシカゴ・シーンの活況に、心ときめかせたのも忘れられない。ひとつ選ぶなら『Surf』、もっと言えば「Sunday Candy」。SoX周辺はフィジカルのない配信音源も聴いていこうと思ったきっかけであり、転機だった。

２０１０年代の大きなトピックとなったジャズを何か、と言われたらカマシ・ワシントンかマカヤ・マクレイヴン、あるいはテイラー・アイグスティ『Daylight At Midnight』かグレッチェン・パーラト『The Lost And Found』を選んだだろうが、２０２０年代の音楽に多大な影響を及ぼす現行アフロ・ブラジル、その確かな胎動を感じたチガナ・サンタナとルエジ・ルナも選出。最も関心を抱いていたシーンのひとつで、アプレミディ・レコーズでもたびたび日本盤ＣＤ化を試み、サバービア・レコーズではロウレンソ・ヘベッチスをレコード化した。

聴いた回数ならアンダーソン・パーク『Malibu』やライ『Woman』なども上位だったが、僕らしい10枚と言えばこんな感じだろう。ちなみに２０２０年の年間ベストはSaultの『Untitled (Rise)』と『Untitled (Black Is)』がワン・トゥー・フィニッシュ。新しい10年が始まっている。

選・文　三田格
selected & written by Itaru W. Mita

世の中は良くなっているのか、息苦しくなっているのか、便利になっているのか、追い詰められているのか。一直線にどこかに向かっていないことだけは確かで、進行中のジェンガみたいな世界に住んでいるのかもしれないなとは思う。上にブロックが積み上がると下部がスカスカになっていく。いつ崩れてもおかしくない世界に住み、先に行きたい人は行くし、足元が不安な人はなかなかブロックを引っこ抜けない。成長をやめようという声が出ても、なぜか人はジェンガをやりたがる。格差社会というワードがかつてなく使われだしたのは10年代からで、一方で、先進国と途上国の溝は少しずつ埋まっている。それぞれの国の内部では格差が開いても、国家単位では格差が減少し続けている。単純に考えると先進国の中産階級から途上国に富が流れ出したという構図である。先進国の上に途上国を積み上げるという経済タワーが形づくられ、土台がスカスカになりつつある状態が現在というか。そして、ジェンガというのはたいてい途中で崩れるし、カタストロフを楽しむことが当たり前になっている。経済タワーもいつか崩れるのだろうか。加速主義者はその時が待ちきれない。悪趣味である。タワー・マンションの荒廃を予言したJ・G・バラードの『ハイライズ』が映画化されたのは2016年だった。

先進国がその文化水準を保とうとした例としてティム・ヘッカーとメデリン・マーキーを挙げたい。現代音楽の遺産を継承・発展させ、緊張感に比重を置いた前者は混沌と秩序を、声を変調させただけの後者は安らぎと遊びを増幅させる（不安が創造性につながるとしたグロットマンのブレスド・イニ

Jam City
Classical Curves
Night Slugs (2012)

DJ Nigga Fox
O Meu Estilo
Príncipe (2013)

FKA Twigs
LP1
Young Turks (2014)

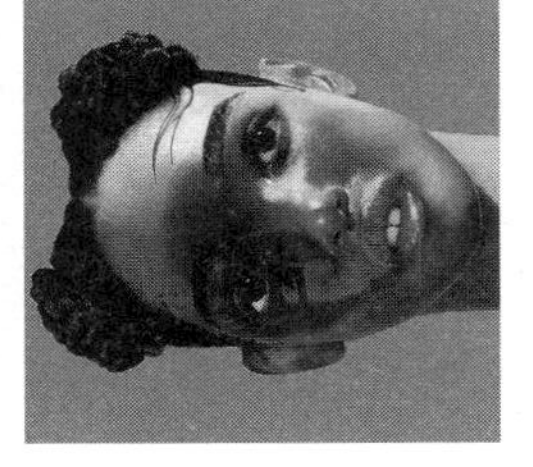

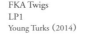

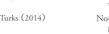

Rashad Becker
Traditional Music of
Notional Species Vol. II
Pan (2016)

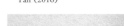

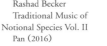

Air Max '97
Nacre
Decisions (2018)

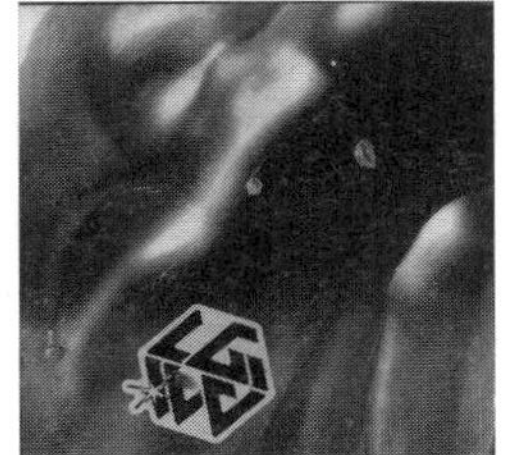

Madalyn Merkey
Scent
New Images (2012)

Tim Hecker
Virgins
Kranky (2013)

Frank Ocean
Blonde
Boys Don't Cry (2016)

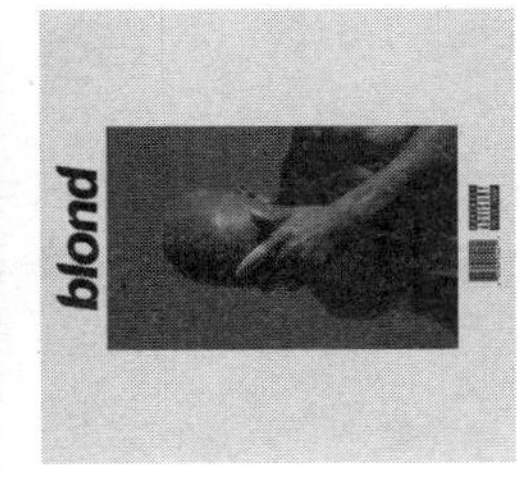

Tirzah
Devotion
Domino (2018)

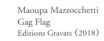

Maoupa Mazzocchetti
Gag Flag
Editions Gravats (2018)

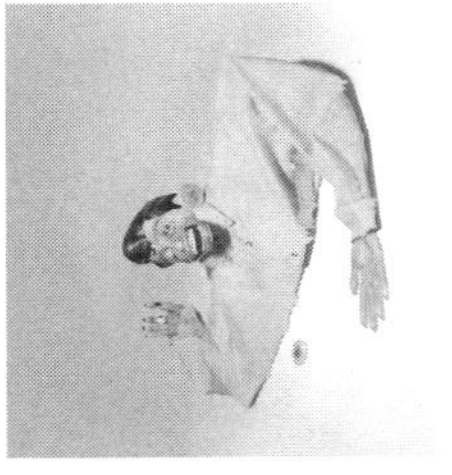

シアティヴも可能性を広げたと思う）。対照的に先進国がスカスカになった状態を想像させたのがスリーフォード・モッズとティルザ。ＩＤＭからパンクへ引き返してきた前者は無力感の果てを、アーサー・ラッセルをモダンに展開した後者のデビュー作は予期せぬアンニュイの衝撃をもたらした。『Devotion』はディケイドを代表する傑作だと思う。先進国のなかに組み込まれた途上国を最も優雅に体現していたのはラシャド・ベッカーとフランク・オーシャン。いずれも文化の壁を完全に取り払い、共存共栄の理想に向かってそれぞれのサウンドを結晶化させた。前者は実験音楽の分野で、後者はＦＫＡトゥイッグスやソランジュが追求したサイケデリックＲ＆Ｂをさらに抽象化させ、これ以上ないというほど高貴なヴィジョンにまとめあげた。『Blonde』は聴けば聴くほど良くなっていく。それこそディアンジェロと並んで移民文化の最高峰だと思う。同じくワイルドに展開したのがＭＩＡとジャム・シティ。いずれも都市の荒廃とローカルなリズムを横断し、それぞれメジャーとマイナーでポップ・ミュージックの再生に一役買った。グライムとミュジーク・コンクレートを結びつけたエア・マックス97やジュークを独自に解釈した食品まつりがそれに追随し、むしろ途上国のエナジーが先進国を凌駕していると思えたのがＤＪニガ・フォックスやクラインなど。彼らの指先からアンゴラやナイジェリアのリズムが縦横無尽に飛び回り、いまだに腰を落ち着ける暇を与えてくれない。いわばベース・ミュージックの10年であり、それはいまだに続いている。

検索でもトレンドでもいいけれど、「一番多く」にいつのまにか誘導されている。意識して重箱の隅をつついていないと、あっという間に大多数のなかに投げ込まれてしまう。ひとつのことに多くの人が集まって欲しいのは資本主義の性質であって、自分の欲望とは異なるはずなのに（……というわけで最後にお笑いを1枚追加）。

盤／偏愛盤

いまこそ聴きたい2010年代の名盤／偏愛盤

選・文　渡辺志保
selected & written by Shiho Watanabe

共著に『ライムスター宇多丸の「ラップ史」入門』（NHK出版）など。
ラジオMCとしても活動。

　2010年代を振り返ってみると、個人的にも非常にエキサイティングな年代だった。ひたすら2000年代後半より、USヒップホップ作品のリリースはオンラインが主流となっていく。これまではアルバムを一枚出すにも、下積み経験を経てレーベルと契約し、気の遠くなるようなプロセスと分厚い契約書が必要だったが、そんなものは全てすっ飛ばしてオンライン上でフリーのミックステープとして流通できるようになったのだから、ラッパーもリスナーもウハウハで、私も毎日のようにミックステープのポータルサイトを開きながら貪るようにMP3が詰まったzipファイルをDLしていた。リル・ウェインやドレイク、J・コールらがヒップホップのミックステープ黄金期のゲートを開き、ミックステープ発のヒット曲やトレンドをどんどん産み出していく。サウス発祥のビートが幅を効かせるようになったのも、破竹の勢いでミックステープを量産していたリル・ウェインやグッチ・メインの存在&活躍が大きかったのではないかと思う。

　2010年代に突入してすぐ、感動にも似た衝撃を味わったのがA$APロッキーの登場だ。ニューヨークはハーレム出身のイカした若者が、南部のヒューストン産のようなサウンドでラップをしている。それまで、若手ラッパーが地域を跨いだサウンドをフィーチャーすること自体なんとなくタブーとされてきていたので、彼の大胆なアプローチには心底驚いた。しかもロッキーは続々とハイブランドを着用し、瞬く間にファッション・リーダーへと変貌した。ラッパーだけではなく、DJやデザイナー、マネージャーまでをも擁するA$APモブというクルーを率いていたことも凄く目新しかったし、クルーのメンバーはみんな苗字のようにA$APを名乗っていることも、同じく衝撃的

Kanye West & Jay Z
Watch the Throne
Def Jam / Roc Nation / Roc-A-Fella (2011)

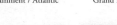

Young Thug
Jeffery
300 Entertainment / Atlantic (2016)

Travis Scott
Owl Pharaoh
Grand Hustle (2013)

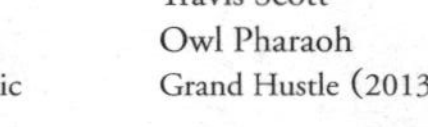
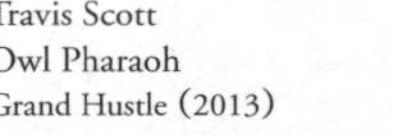
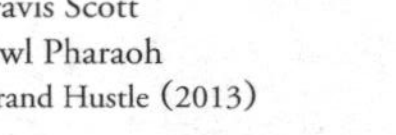
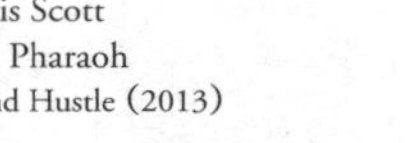
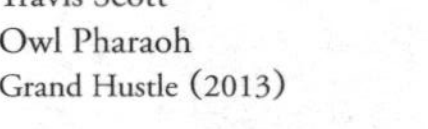

Lil Uzi Vert
Lil Uzi Vert vs. The World
Atlantic / Generation Now (2016)

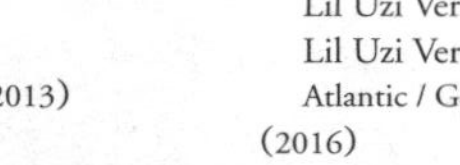
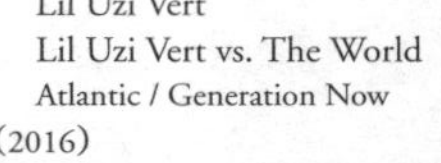
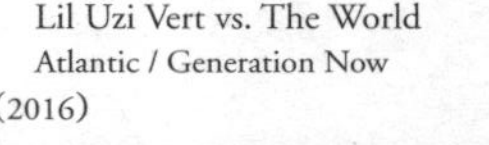
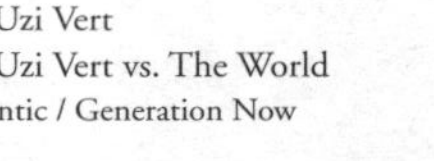

A$AP Rocky
Live. Love. A$AP
self-released (2011)

Joey Bada$$
1999
Cinematic Music Group (2012)

Lil Yachty
Lil Boat
Quality Control / Capitol / Motown (2016)

Chance the Rapper
Acid Rap
Self-released (2013)

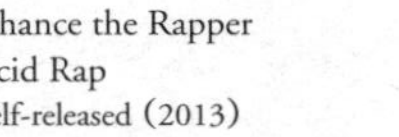

Future
Purple Reign
Freebandz (2016)

Frank Ocean
Nostalgia, Ultra.
self-released (2011)

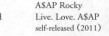

だった。

そしてほぼ同時期、西海岸ではタイラー・ザ・クリエイターを中心とするOFWGKTA（またはオッド・フューチャー）という集団が台頭してきた。〝Odd Future Wolf Gang Kill Them All〟の頭文字を取ったクルー名もミステリアスだったし、スケーターやミクスチャー・ロックのカルチャーをも飲み込み、独自のコミューンを形成するかのごとくオッド・フューチャーの魅力がキッズたちに浸透していく様子も、見ているだけでゾクゾクした。シド・ザ・キッド、フランク・オーシャン、アール・スウェットシャートといった面々も個性派揃いで、奇怪なタイラーの言動も含めてハラハラしながら彼らをチェックしていたのだった。

というわけで、今回は当時、心を動かされまくったヒップホップのミックステープ作品を中心に選んだ。全員とも、２０２３年の現在も活躍するエース級のラッパーたちだが、この時代の作品群にはまだ成熟しきっていない荒々しさと危なっかしさが共存しており、今聴き返してもダイナミックな魅力を感じる。『Lil Uzi Vert vs. The World』は、当時、アトランタを訪れた際に街中で掛かっており、リアルに新世代ラッパーの訪れを体感した。ロッキーの登場を踏まえ、サウスの伝統美を最先端の解像度で組み立てた『Owl Pharaoh』にも度肝を抜かれた（この作品はＤＳＰにて正式配信されていないので、気になる方は各自ディグってみてください）。『Watch the Throne』のみメジャー配給の正式なアルバム作品（当時）だが、２０１０年代を代表する豪奢なヴィジュアルと最高潮に達したかのような両者のクリエイティヴィティが絡み合った奇跡のコラボ作品として記しておく。

8 代の名盤／偏愛盤

archive

2010年代、メディアはどんな音楽を評価してきたのか
——ピッチフォーク、クワイエタス、ガーディアン、ワイアー、そしてエレキングによる各年の年間ベスト・アルバム5

2010

Pitchfork 1. Kanye West – My Beautiful Dark Twisted Fantasy / 2. LCD Soundsystem – This Is Happening / 3. Deerhunter – Halcyon Digest / 4. Big Boi – Sir Lucious Left Foot: The Son of Chico Dusty / 5. Beach House – Teen Dream The Quietus 1. Liars – Sisterworld / 2. Salem – King Night / 3. Swans – My Father Will Guide Me Up A Rope To The Sky / 4. These New Puritans - Hidden / 5. The Fall – Your Future, Our Clutter Guardian 1. Janelle Monáe – The ArchAndroid / 2. Kanye West – My Beautiful Dark Twisted Fantasy / 3. Hot Chip – One Life Stand / 4. Arcade Fire – The Suburbs / 5. These New Puritans – Hidden Wire 1. Actress – Splazsh / 2. Oneohtrix Point Never – Returnal / 3. Swans – My Father Will Guide Me Up A Rope To The Sky / 4. Joanna Newsom – Have One On Me / 5. Catherine Christer Hennix – The Electric Harpsichord

2011

Pitchfork 1. Bon Iver – Bon Iver / 2. Destroyer – Kaputt / 3. M83 – Hurry Up, We're Dreaming / 4. PJ Harvey - Let England Shake / 5. Girls - Father, Son, Holy Ghost The Quietus 1. PJ Harvey – Let England Shake / 2. Azari & III - Azari & III / 3. Tim Hecker – Ravedeath 1972 / 3. Wild Beasts - Smother / 4. The Haxan Cloak – The Haxan Cloak / 5. Perc – Wicker & Steel Guardian 1. PJ Harvey – Let England Shake / 2. Katy B – On a Mission / 3. Frank Ocean – Nostalgia, Ultra / 4. Beyoncé - 4 / 5. Bon Iver – Bon Iver, Bon Iver Wire 1. James Ferraro – Far Side Virtual / 2. Rustie – Glass Swords / 3. Eliane Radigue – Transamorem - Transmortem / 4. Hype Williams – One Nation / 5. The Beach Boys – The SMiLE Sessions ele-king 1. James Blake – James Blake / 2. Tyler, The Creator – Goblin / 3. Ogre You Asshole - Homely / 4. Gil Scott-Heron and Jamie xx - We' re New Here / 5. Bon Iver – Bon Iver, Bon Iver

2012

Pitchfork 1. Kendrick Lamar – good kid, m.A.A.d city / 2. Frank Ocean – Channel Orange / 3. Fiona Apple – The Idler Wheel... / 4. Tame Impala - Lonerism / 5. Swans – The Seer The Quietus 1. Swans – The Seer / 2. Scott Walker – Bish Bosch / 3. Carter Tutti Void – Transverse / 4. X-TG – Desertshore / The Final Report / 5. VCMG – Ssss Guardian 1. Frank Ocean – Channel Orange / 2. Grimes – Visions / 3. Jessie Ware - Devotion / 4. Dirty Projectors – Swing Lo Magellan / 5. Kendrick Lamar – good kid, m.A.A.d city Wire 1. Laurel Halo – Quarantine / 2. Sun Araw & M Geddes Gengras meet The Congos – Icon Give Thank / 3. Actress - RIP / 4. Jakob Ullmann – Fremde Zeit – Addendum / 5. Jason Lescalleet – Songs About Nothing ele-king 1. Xinlisupreme – 4 Bombs / 2. Mala – Mala In Cuba / 3. Madalyn Merkey

- Scent / 4. Jake Bugg - Jake Bugg / 5. Shackleton - Music For The Quiet Hour / The Drawbar Organ EPs

2013

Pitchfork 1. Vampire Weekend – Modern Vampires of the City / 2. Kanye West – Yeezus / 3. Disclosure - Settle / 4. My Bloody Valentine – m b v / 5. Danny Brown – Old The Quietus 1. Grumbling Fur – Glynnaestra / 2. These New Puritans – Field Of Reeds / 3. David Bowie – The Next Day / 4. Factory Floor – Factory Floor / 5. Fat White Family – Champagne Holocaust Guardian 1. Kanye West – Yeezus / 2. John Grant – Pale Green Ghosts / 3. Daft Punk – Random Access Memories / 4. Vampire Weekend – Modern Vampires of the City / 5. James Blake – Overgrown Wire 1. Julia Holter – Loud City Song / 2. Laurel Halo – Chance of Rain / 3. Rashad Becker – Traditional Music of Notional Species Vol. I / 4. Richard Dawson – The Glass Trunk / 5. Tim Hecker – Virgins ele-king 1. Oneohtrix Point Never – R Plus Seven / 2. Young Echo – Nexus / 3. DJ Rashed – Rollin' / 4. Inc. - No World / 5. Melt Yourself Down – Melt Yourself Down

2014

Pitchfork 1. Run the Jewels – Run the Jewels 2 / 2. FKA twigs – LP1 / 3. The War on Drugs – Lost in the Dream / 4. Aphex Twin - Syro / 5. Grouper – Ruins The Quietus 1. Gazelle Twin – UNFLESH / 2. Scott Walker & Sunn O))) – Soused / 3. Swans – To Be Kind / 4. East India Youth – Total Strife Forever / 5. The Bug – Angels and Devils Guardian 1. St Vincent – St Vincent / 2. War On Drugs – Lost in the Dream / 3. FKA twigs – LP1 / 4. Aphex Twin - Syro / 5. Caribou – Our Love Wire 1. Aphex Twin – Syro / 2. Richard Dawson – Nothing Important / 3. Swans – To Be Kind / 4. Scott Walker & Sunn O))) – Soused / 5. Actress – Ghettoville ele-king 1. 坂本慎太郎 – ナマで踊ろう / 2. Aphex Twin – Syro / 3. Ogre You Asshole – ペーパークラフト / 4. KOHH - Monochrome / 5. Arca - Thievery

2015

Pitchfork 1. Kendrick Lamar – To Pimp a Butterfly / 2. Jamie xx – In Colour / 3. Grimes – Art Angels / 4. Vince Staples – Summertime '06 / 5. Tame Impala – Currents The Quietus 1. Jlin – Dark Energy / 2. Stara Rzeka – Zamknęły się oczy ziemi / 3. Mbongwana Star – From Kinshasa / 4. Carter Tutti Void – f (x) / 5. Matana Roberts – Coin Coin Chapter Three: River Run Thee Guardian 1. Kendrick Lamar – To Pimp a Butterfly / 2. Sufjan Stevens – Carrie & Lowell / 3. Father John Misty – I Love You, Honeybear / 4. Julia Holter – Have You in My Wilderness / 5. Björk – Vulnicura Wire 1. Jlin – Dark Energy / 2. Matana Roberts – Coin Coin Chapter Three: River Run Thee / 3. Joshua Abrams - Magnetoception / 4. Julia Holter – Have You in My Wilderness / 5. Heather Leigh – I Abused Animal ele-king 1. Kendrick Lamar – To Pimp a Butterfly / 2. Jamie xx – In Colour / 3. El Mahdy Jr. – Ghost Tapes / 4. Young Fathers - White Men Are Black Men Too / 5. D' Angelo And The Vanguard - Black Messiah

2016

Pitchfork 1. Solange – A Seat at the Table / 2. Frank Ocean – Blonde / 3. Beyoncé - Lemonade / 4. David Bowie – ★ [Blackstar] / 5. Kanye West – The Life of Pablo The Quietus 1. Årabrot – The Gospel / 2. Solange – A Seat At The Table / 3. Innercity Ensemble - III / 4. Jessy Lanza – Oh No / 5. Shirley Collins – Lodestar Guardian 1. Beyoncé

– Lemonade / 2. Frank Ocean – Blonde / 3. David Bowie - Blackstar / 4. Kanye West – The Life of Pablo / 5. Solange – A Seat at the Table Wire 1. David Bowie – ★ [Blackstar] / 2. Shirley Collins – Lodestar / 3. Moor Mother – Fetish Bones / 4. Autechre – elseq 1-5 / 5. Nick Cave & The Bad Seeds – Skeleton Tree ele-king 1. Powell – Sport / 2. Beyoncé – Lemonade / 3. Bon Iver – 22, A Million / 4. Brian Eno - The Ship / 5. Nicolas Jaar - Sirens

2017
Pitchfork 1. Kendrick Lamar – DAMN. / 2. SZA – Ctrl / 3. King Krule – The OOZ / 4. Kelela – Take Me Apart / 5. Lorde – Melodrama The Quietus 1. Richard Dawson – Peasant / 2. Zimpel/Ziołek – Zimpel/Ziołek / 3. Fever Ray - Plunge / 4. The Moonlandingz – Interplanetary Class Classics / 5. Nadine Shah – Holiday Destination Guardian 1. St Vincent – Masseduction / 2. Kendrick Lamar – DAMN. / 3. SZA – Ctrl / 4. Lorde - Melodrama / 5. Perfume Genius – No Shape Wire 1. Chino Amobi – PARADISO / 2. Richard Dawson – Peasant / 3. Klein - Tommy / 4. Jlin – Black Origami / 5. Kaitlyn Aurelia Smith – The Kid ele-king 1. Cornelius – Mellow Waves / 2. Dirty Projectors – Dirty Projectors / 3. Jlin – Black Origami / 4. Colleen - A Flame My Love, A Frequency / 5. 坂本龍一 - async

2018
Pitchfork 1. Mitski – Be the Cowboy / 2. Kacey Musgraves – Golden Hour / 3. DJ Koze – Knock Knock / 4. Robyn - Honey / 5. Snail Mail – Lush The Quietus 1. Gazelle Twin – Pastoral / 2. Idris Ackamoor & The Pyramids – An Angel Fell / 3. Insecure Men – Insecure Men / 4. Suede – The Blue Hour / 5. Objekt – Cocoon Crush Guardian 1. Christine and the Queens – Chris / 2. Robyn – Honey / 3. Janelle Monáe – Dirty Computer / 4. Cardi B – Invasion of Privacy / 5. Mitski – Be the Cowboy Wire 1. Sons of Kemet – Your Queen is a Reptile / 2. ZULI – Terminal / 3. Ben LaMar Gay – Downtown Castles Can Never Block the Sun / 4. Guttersnipe – My Mother The Vent / 5. JPEGMAFIA – Veteran ele-king 1. Eartheater – IRISIRI / 2. Sons of Kemet – Your Queen Is A Reptile / 3. Okzharp & Ribane – Closer Apart / 4. cero - POLY LIFE MULTI SOUL / 5. 食品まつり a.k.a foodman - ARU OTOKO NO DENSETSU

2019
Pitchfork 1. Lana Del Rey – Norman Fucking Rockwell! / 2. FKA twigs – MAGDALENE / 3. Big Thief – U.F.O.F. / 4. Angel Olsen – All Mirrors / 5. Solange – When I Get Home The Quietus 1. Loraine James – For You and I / 2. Richard Dawson – 2020 / 3. Caterina Barbieri – Ecstatic Computation / 4. William Doyle – Your Wilderness Revisited / 5. These New Puritans – Inside the Rose Guardian 1. Lana Del Rey – Norman Fucking Rockwell! / 2. Dave – Psychodrama / 3. Billie Eilish – When We All Fall Asleep, Where Do We Go? / 4. Sharon Van Etten – Remind Me Tomorrow / 5. Tyler, The Creator – IGOR Wire 1. 75 Dollar Bill – I Was Real / 2. Angel Bat Dawid – The Oracle / 3. The Art Ensemble of Chicago – We Are on the Edge: A 50th Anniversary Celebration / 4. Moor Mother – Analog Fluids of Sonic Black Holes / 5. Philip Thomas – Morton Feldman Piano ele-king 1. Moor Mother – Analog Fluids of Sonic Black Holes / 2. Wool & The Pants – Wool In The Pool / 3. The Art Ensemble of Chicago – We Are on the Edge: A 50th Anniversary Celebration / 4. Floating Points - Crush / 5. KODAMA AND THE DUB STATION BAND - かすかな きぼう

30 albums for 2023

2023年ベスト・アルバム30選

1月に高橋幸宏が永眠し、2月には鮎川誠、3月には坂本龍一がいなくなった。また、1月にはトム・ヴァーレイン、4月にはマーク・スチュワートがこの世界から姿を消した。6月にはコーネリアスが復活作を発表し、ceroも5年ぶりにアルバムを出した。コロナ禍明けということがあって、夏には野外フェスティヴァルがどこも活況を見せた。エレクトロニック・ミュージックでは、ノンディや冥丁のような新しい才能が脚光を浴びて、インディ・ロックではバー・イタリアなる謎のバンドが新たなバズとなっている。goat、蓮沼執太、NHK、リキ・ヒダカなど、日本からも面白い作品がいくつか生まれた。

1

Nondi_
Flood City Trax

Planet Mu

ジュークにインスパイアされたという彼女の言葉通りハードコアなトラックがある。しかしそれは1曲だけ。ヴェイパーなメロディ、DIYベッドルーム・プロダクション、決して途絶えることのないビート。夢見心地は早い段階からはじまり、最後のトラックまで止まらない。ジャケットは多くの黒人がよく知っている状況を明確に示している。何百万人もの人びとの命を剥奪した70年代以前の南部の生活を思い出しながら、この女性は斧を持って復讐に燃えているのだ。描かれた小作人のイメージと各トラックから発せられる鮮やかな色のコントラストは、ノンディのトラックスとその意図の奥に染み込んだフューチャリズムの深さを示している。KポップやフェイクDJに疲れ、私はひとつの様式などには留まらないミュージシャンを渇望している。ようこそ、ノンディ。

（緊那羅：Desi La／ウェブ版6・22）


ワンオートリックス・ポイント・ネヴァーの2010年代前半の諸作からの影響は、ペンシルバニア州の洪水の町、ジョンズタウン出身のプロデューサー、ノンディを名乗るタチアナ・トリプリンのアルバムにも及んでいる。しかしここでは、そのニューエイジ風アンビエントとともに、フットワークやナイトコアの断片がミックスされているし、本人は、まずは「機能的で、ダンサブルで、体が動くようなものになるように心がけている」と発言している。たしかに『Flood City Trax』を聴いていると、ダンス・ミュージックが新たな段階に入り、また変化を遂げようとしているのがわかる。と同時に、ここからはエレクトロニカの新たな息吹も聴こえてくる。オンライン文化で育った世代から、自由な発想のエレクトロニック・ミュージックが登場した。

（野田努）

30 albums for 2023

2

Laurel Halo
Atlas

Awe

ローレル・ヘイローがすごいのは、全作品が魅力的であることだ。今号の特集のために久しぶりに過去作を聴いたが、シンセポップをやっている初期作品が意外と面白く感じられたし、ダンス・ミュージック作品だっていまも独創的に思える。『アトラス』はアンビエント路線の1枚で、ひとことで言えば傑作だ。ドローンを基調に、音を滲ませながら、彼女は街の黄昏時のロマンティックな場面を美しく描いている。くすんだジャズ・ピアノが香気を放ち、チェロとヴァイオリンが夜の静寂を甘くする。ヘイローは、ゼロ年代以降、なかば袂を分かち合ったアンビエントとクラブを再統合している点においても重要な人物で、かつてはダニエル・ロパティンらと同じコミュニティにいたことが嘘のように、いまの彼女は自由に、そしておおらかな音楽を発信している。（野田）

115

3

冥丁
古風 III

KITCHEN. LABEL / インパートメント

冥丁を聴いていると、発明されたばかりの蓄音機が降霊術に使われたことを思い出す。ザ・ケアテイカーの作品からも漂ってくる不気味さ、MP3や配信の時代にあって、とっくに死んだはずの古びたサウンドは、我々が思っている以上に人を惹きつける。冥丁という、このエレクトロニカの新星がデビューしたのは18年の『怪談』、次作『小町』で注目を集め、20年の『古風』によってファンを増やしていった。彼の音楽を聴いていると、黄ばんで、なかば腐食したサウンドを使ってファンタジーを紡いでいるように感じてしまう。彼のサンプラーを通しては、200年前のすすり泣きさえ蘇るのだ。『古風Ⅲ』は三部作の最終章にあたり、前2作以上に実験色が強く打ち出されている。この異彩は、さらに妖しく発光する。クローサーの〝廣島〟は我々の思いに深く突き刺さる。（野田）

30 albums for 2023

Lankum
False Lankum

Rough Trade／ビート

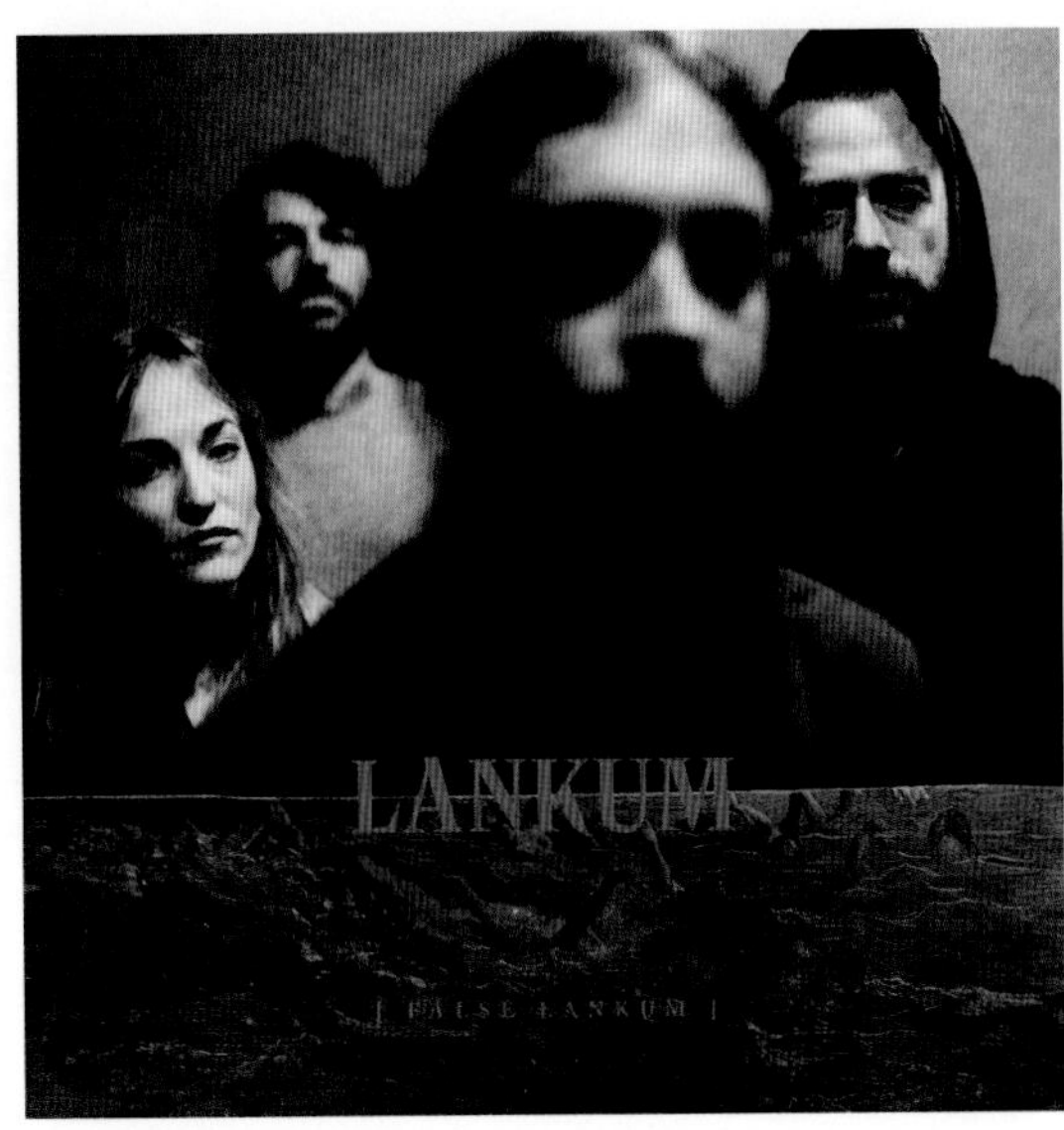

4

ノイズもエレクトロもアンビエントもヒップホップも現代音楽も飲み込んだ21世紀型アイリッシュ・フォーク・シーンの最前線に立つランクム。通算4作目となる3年半ぶりの新作『False Lankum』に感嘆すると同時に、これほどの傑作が日本では発売されないと聞いて驚いている。欧米メディアで大絶賛された2019年の前作『The Livelong Day』も素晴らしかったが、ロックダウン期間中にじっくりと時間をかけて制作されたという本作では自分たちの音作りの特徴——強力なドローン、深い陰影、繊細なノイズ等々を活かしつつ、音楽的洗練度が格段にレヴェルアップしているのだ。5曲のトラッド・ソング、2曲のカヴァ、3つのインスト小曲を含む5曲のオリジナル曲という構成になっており、全体で大きな物語を描いているような印象。ドラマティックである。

（松山晋也／ウェブ版3・27）

116

Tirzah
trip9love...???

Domino / ビート

30 albums for 2023

5

それにしてもティルザはなんでこうも格好いいのだろう。『trip9love...?』は冷たい月夜の美しさにも似ている。ここには、これまでのティルザ作品にはなかった荒々しさもある。よりダークだし、ややもすればハードで、不協和音があって、しかし陶酔的なのだ。ひずんだリズムの〝F22〟、そして続く〝Promises〟、さらに続く〝u all the time〟……まず最初の3曲がキラー過ぎる。ラフな音響で、ギター・ループがフィーチャーされ、コクトー・ツインズ化したヒップホップというか、インディ・ロックの暗いムードの疾走感に近い。その寒々しいテクスチャーを後ろに歌われるソウルフルな〝their love〟のなんと美しいことか。暗い光沢が磨かれた、親友のミカ・リーヴィとふたりで作り上げた新たな境地と言える。

（野田）

6

Cornelius
夢中夢 -Dream In Dream-

ワーナーミュージック・ジャパン

正直なところぼくはいまでも、本人からは違うと言われても、〝火花〟は炎上に対する彼からのリアクションだったと思っている。『夢中夢』は、人生を重ねていくなかで生まれたアルバムで、ちょうどコロナ禍の制限が緩和されてからのリリースであり、過去のいじめ問題で世間からさんざん叩かれた経験をしてから作られた最初の作品だった。それは、余韻としてはいままで以上に「歌」が残るものとなった。

ここには、〝火花〟のほかに〝環境と心理〟や〝時間の外で〟、〝蜃気楼〟といった佳作もあるし、〝霧中夢〟のような『タゴマゴ』時代のCANを彷彿させる曲もある。白眉なのは〝無常の世界〟で、〝火花〟もそうだが、『ファンタズマ』の遊び心あるファンタジーと『ポイント』で発明されたコーネリアス・サウンドの新たな方向性を暗示しているようだ。（野田）

117

30 albums for 2023

7

Loraine James
Gentle Confrontation

Hyperdub / ビート

ウェブのレヴューに書いたように、ぼくはアルバムの1曲目、〝Gentle Confrontation（穏やかな対決）〟でぶっ飛ばされてしまった。とにかく、このドラムだ。スクエアプッシャーとエイフェックス・ツインのドリルンベースを継承し、というか、まあ、言うなれば男のオタクたちの発明品とも言えるあのリズムを、ロレイン・ジェイムスは美しい詩情に変えてしまった。それに、ロレイン・ジェイムスの功績は、IDMのようなヘッド・ミュージックをグライムやドリルのようなストリートと接続してしまったことにもある。本作は、いままでの集大成的な内容だが、ブラック・ミディのドラマー、モーガン・シンプソンとの共演〝IDM U〟を聴いていると、これから先のロレインにも期待するしかないでしょう！ という気持ちになる。（野田）

8

cero
e o

カクバリズム

髙城晶平は、まちがいなく私たちがいま生きているこの世界のことを、奇妙な手触りをもった言葉で歌っている。断片的な詞は、その形式においても内容においても、圧縮され凝固された時間のようだ。楽音や電子音などの多彩な要素が絡まりあい、冷静に構成された、一瞬の閃きや煌めきからなる複雑な織物。私たちが押し流されていく先にある未来へわずかに期待をかけるような、小さく冷静なオプティミズムが感じられる。未来は真っ白なブランクでしかないが、絵に描いたような未来に向かって単線的に進んでいくのではないかたちで、それをのぞみ求める、というような。ランニング・タイムは彼らのアルバム・ディスコグラフィの中でもっとも短い。けれどもその時間には、これまでもっとも濃密で、豊かで、深遠で、複層的な音と詞が封じ込められている。

（天野龍太郎／ウェブ版6・12）

118

30 albums for 2023

9

Irreversible Entanglements
Protect Your Light

Impulse! / ユニバーサル

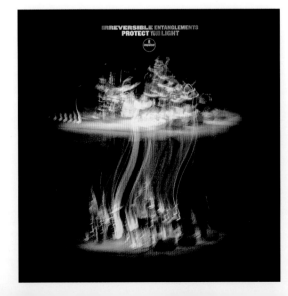

イレヴァーシブル・エンタングルメンツという、いつになっても覚えることができないグループ名を持つフリー・ジャズ集団の名門〈インパルス〉からリリースされた最新作は、2023年のもっともパワフルな抗議音楽だった。「伝統に敬意を表しながらも、それに反抗する音楽であり、未来を主張しながらも現在に語りかける音楽」というのがバンドによる説明だが、ここには音楽的にいろいろな過去が注がれ、現在のなかでスパークしている。リズミックな躍動感をもって、ゴスペルからの影響も表現する表題曲〝Protect Your Light〟には、バンドの前向きなパワーがみなぎっている。ホテルのラウンジで流れるようなムーディーなジャズを求めている人には向かないが、社会意識と連動しながらうねりをあげるジャズが好きな人にはたまらないだろう。

（野田）

坂本龍一
12

commmons

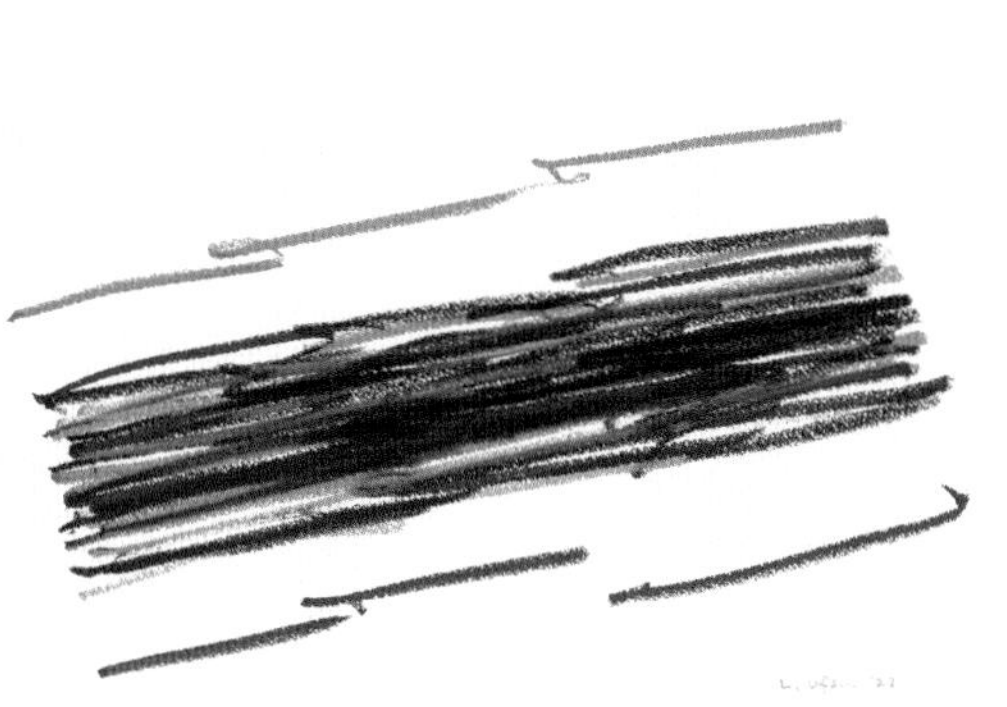

10

アンビエント京都における『async』のインスタレーションは圧巻だったが、自らの生死が作品作りの重要な契機となっている点において、それが坂本龍一にとって、デイヴィッド・ボウイにおける『Blackstar』に相当するアルバムだったのだろう。そして『12』は、あらかじめ練られたコンセプトを持たずに、自分に残されたわずかな時間とわずかな体力を音楽制作に捧げた音楽家のドキュメンタリーである。もっとも『12』を魅力的にしているのは、そうした作品の背後にある重たさからは解き放たれているかのように、美しく、安らかで、しかもどこか遊び心もあるムードである。アンビエント・ミュージックとして聴けるこのアルバムからは、この前衛音楽家のなかの、多くの人に愛された大衆性も感じられる。とはいえここには、最後まで失うことがなかった彼の素晴らしい芸術的な野心があるのだ。（野田）

119

Oneohtrix Point Never
Again

Warp / ビート

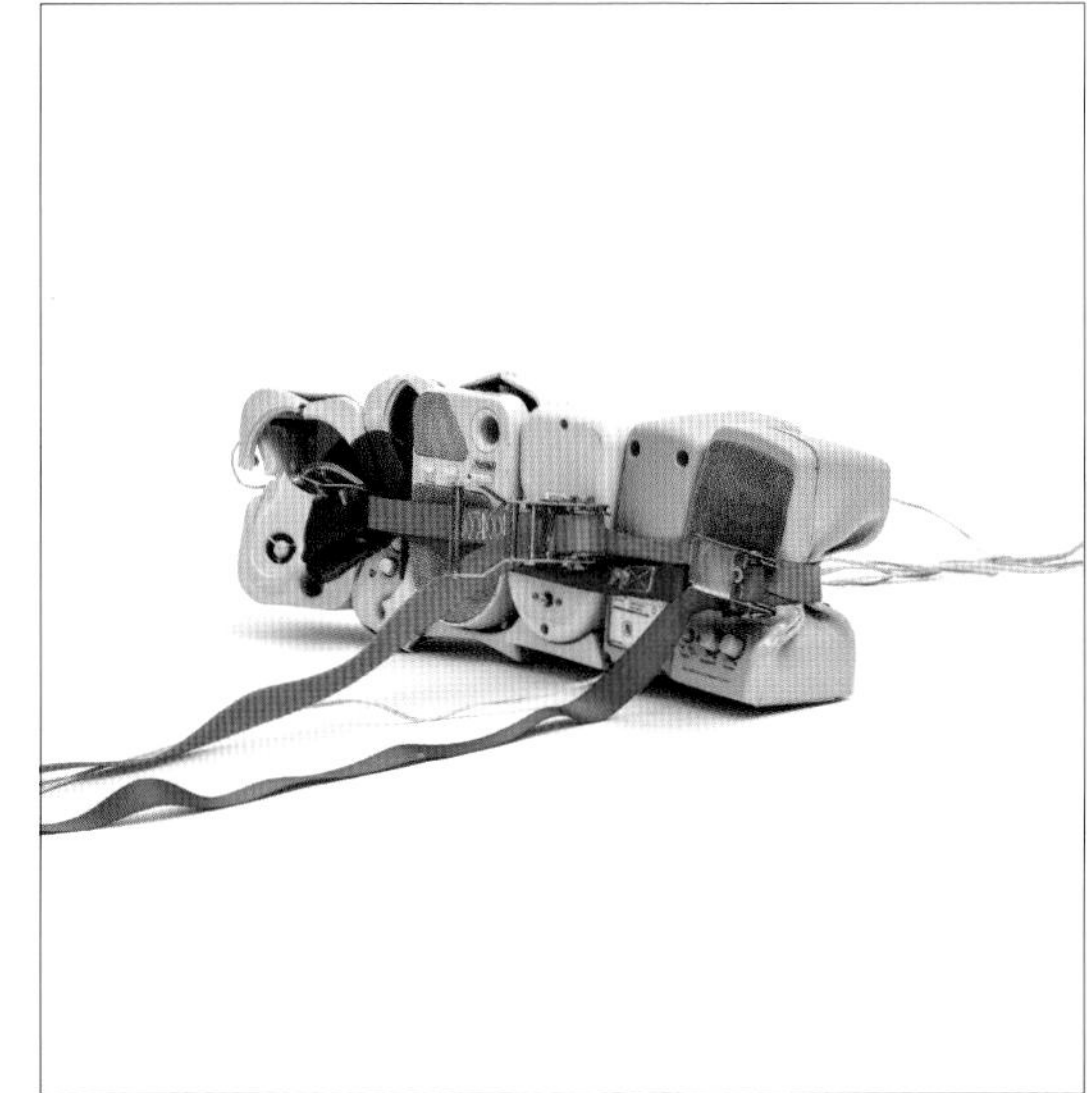

11

30 albums for 2023

半自伝的三部作の完結編との触れこみで登場したワンオートリックス・ポイント・ネヴァー通算10枚目のアルバムは、リー・ラナルド、ジム・オルーク、生成AIといった話題性に富む要素を多く含んでいる。が、あくまでそれらは全体を構成する部分にすぎず、リスナーはストリングスや電子ノイズ、声楽、歌、ギター、初期の彼を特徴づけていたJUNO-60らしきシンセなど、さまざまな音の断片が節操なくコラージュされていくさまを楽しむことになる。たしかに従来のOPNの音楽を一度におなじ鍋にぶちこんだような雰囲気はある。完結編ということは今後もう自分史はやらないということであり、つまり次作が完全にちがったものになることが約束されたわけだ。10年代電子音楽の前線を歩んできた音楽家が新たな世界に飛びこむための、これは総決算なのだろう。（小林拓音）

12

Speaker Music
Techxodus

Planet Mu

また1人、ブラック・ミュージックの優れた才能が宇宙に向かっている。サン・ラーやURなど地上に公平なパラダイムが見出せないミュージシャンが宇宙に独自のヴィジョンを投影する系譜はさらに先へと伸びようとしている。単純に迫力を増したドラミングとドローンの組み合わせはスピーカー・ミュージックの新局面。ノイズともいえる攻撃的なドローンはURの登場を思い出させ、アルバム全体に漲る「怒り」を印象づける。兵士たちの叫びをサンプリングしてオーディエンスが興奮しているかのように聞かせる〝Dr. Rock's PowerNomics Vision〟、レゲエ風のブラスがむちゃくちゃに貼り合わされた〝Jes' Grew〟、あるいはJ・リンに影響を受けたらしき〝Feenin'〟の奇妙なインプロヴィゼーションと、とにかく混沌としたヴィジョンがこの5曲は凄まじい。(三田格/ウェブ版10・18)

120

30 albums for 2023

13

bar italia
Tracey Denim

Matador / ビート

前2作はディーン・ブラントの匂いが強く発せられていた。ギアを入れ替え違った音楽性で送り出す集大成の本作はバー・イタリアの実質的なデビュー・アルバムに近いのではないかという気がしている。全体に漂う陰鬱でアンニュイな雰囲気、暗くロマンティックなムードで静かにそして憂鬱に爆発する〝NOCD〟、まとわりつくギターのフレーズに虚無がオーヴァーラップしてくるような〝yes i have 〜〟、〝changer〟ではその虚無はより繊細な面を覗かせる。それらはまるであてもなく街を彷徨い、居場所を探す主人公の姿を追った映画のサウンドトラックのように響く。この雰囲気こそが彼らの最大の魅力ではないかと思う。描写の仕方のセンス、音を使って空気を作り、漂う香りを感じさせ、そうしてそこに聞くものが入り込めることができるような隙間を残す。(Casanova. S/ウェブ版6・21)

14

蓮沼執太
unpeople

Virgin Music Label
& Artist Services

かねてより生楽器と電子音とフィールド・レコーディングの融和を探求しつづけてきた冒険者、15年ぶりのソロ・インスト・アルバム。ジェフ・パーカー、コーネリアス、灰野敬二、グレッグ・フォックス、コムアイから沖縄の伝統音楽を更新する新垣睦美まで、まるで異なる個性の持ち主たちが勢ぞろい。具体音から電子音、ギター、ドラムに三線、人声までが並列かつ高度に組みあわされる本作では、蓮沼のもつ鋭い感受性と長年の経験で培われたにちがいない編集力とがともに大いに発揮されている。普段は蓮沼執太フィルや歌モノなどキャッチーな要素も具えた音楽を手がけ、より大きなフィールドで活躍している彼が、本作のような抽象的で尖ったアルバムを送り出すことは、実験音楽をアカデミックな層だけでなくより広いリスナーに届けるという点で意義深い。

（小林）

121

30 albums for 2023

15

KODAMA AND THE DUB STATION BAND
COVER 曲集　♪ともしび♪

KURASHI / P ヴァイン

KODAMA
AND
THE DUB STATION BAND
cover 曲集
♪ ともしび ♪

こだま和文とザ・ダブ・ステーション・バンドがこうして古い曲ばかりをやるのは、「新しさ」に対する反論とも受け取れる。新しい時代、新しいテクノロジー、新しい生活、AIの将来、100年後の未来、この社会がこの社会であるためには、どんどんいろんなものを更新する必要があって、用がなくなった古いものは無慈悲に捨てられる。こういう話でよく言われるのが「詩の世界」だ。かつて詩は居場所があった。しかしそれが売れなくなったいま、もうその場所はない。こだま和文とザ・ダブ・ステーション・バンドは、時代がドライに捨ててしまうもののなかから、自分たちが好きなものをすくい上げ、ひとつひとつ大切に磨いて、こんなにも素晴らしいレゲエにしてくれた。『ともしび』はただのカヴァー集ではない。これは時代を変えるための音楽だ。

（野田）

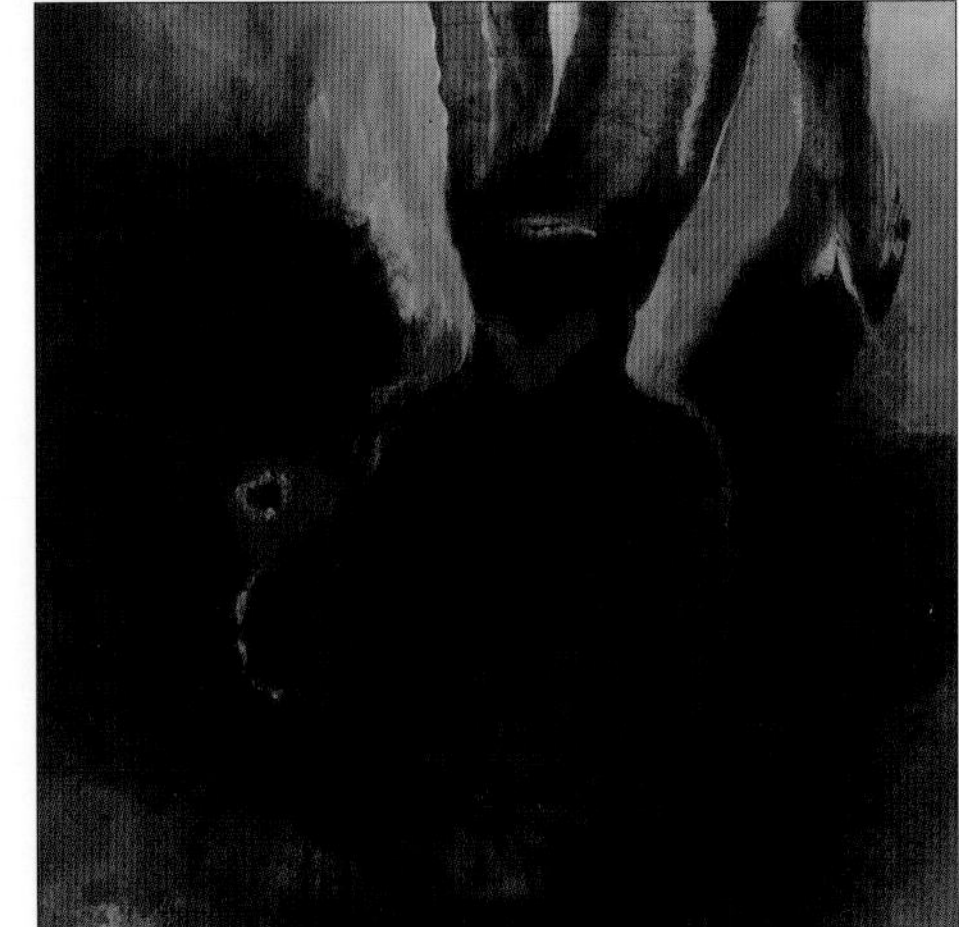

16

goat
Joy In Fear

NAKID

ＹＰＹ名義のソロからオーケストラまで幅広く活動する大阪の実験主義者、日野浩志郎による最新の成果。もともと弦楽器やサックスを打楽器として演奏するというコンセプトからはじまったリズム・アンサンブルのgoatは彼のメイン・プロジェクトのひとつだが、8年ぶりのアルバムとなる本作ではリズムの実験とパーカッシヴな音響の探究がこれまで以上に深くつきつめられている。ボアダムズとミニマル・ミュージックの溝を埋める試み。渋谷WWWXでのライヴも圧巻だった。

（小林）

17

Yussef Dayes
Black Classical Music

Brownswood / ビート

サウス・ロンドンには優れたジャズ・ドラマーが多いが、ユセフ・デイズもそのひとり。本作は初めてのスタジオ録音によるリーダー・アルバム。彼のルーツであるカリブやアフロ・キューバン色を感じさせる曲が多く、〝Afro Cubanism〟というそのものズバリのアフロ・キューバン・ジャズも収録。タイトルは彼のルーツを示すと共に、黒人音楽の根底にあるものも指していると思うが、ジャズにしろ、ソウルにしろ、ブギーにしろ、黒人音楽の幅広さや寛容性も感じさせる内容だ。

（小川充／9・26）

122

30 albums for 2023

18

Theo Parrish & Maurissa Rose
Free Myself

Sound Signature

デトロイトのベテラン・シンガー、モーリサ・ローズと、説明不要の個性を放ち続けるＤＪ／プロデューサー、セオ・パリッシュが10曲に渡ってコラボレーションをおこなったのが本作。ふたりが枷を外し己を自由に解放させた、タイトル通りの内容となっている。セオにとっては初のシンガーとのコラボ・アルバムであり、彼流のスピリチュアル・ジャズ作品と捉えることもできる。過去最もジャズでアヴァンギャルドなこの作品で彼は、自らの革新性を改めて知らしめている。

猪股恭哉（ウェブ版／6・20）

19

123

JPEGMAFIA x Danny Brown
SCARING THE HOES

self-released / AWAL

批評性と諧謔に富んだ巧みなことばづかい、尖鋭的なトラックで衝撃をもたらしたJペグマフィア。独特の声質とフリーキーなラップで魅せるD・ブラウン。主流とは異なるサウンドでそれぞれ独自のポジションを築いてきたラッパー2組による、事件ともいえるコラボ。相乗効果とはこういうことをいうのだろう、フリー・ジャズからジャングル、アニソンまでをも使いたおす無二のセンスとそれら混沌のなかを遊泳するラップは、ヒップホップ・ファン以外のリスナーでさえ虜に。

（小林）

20

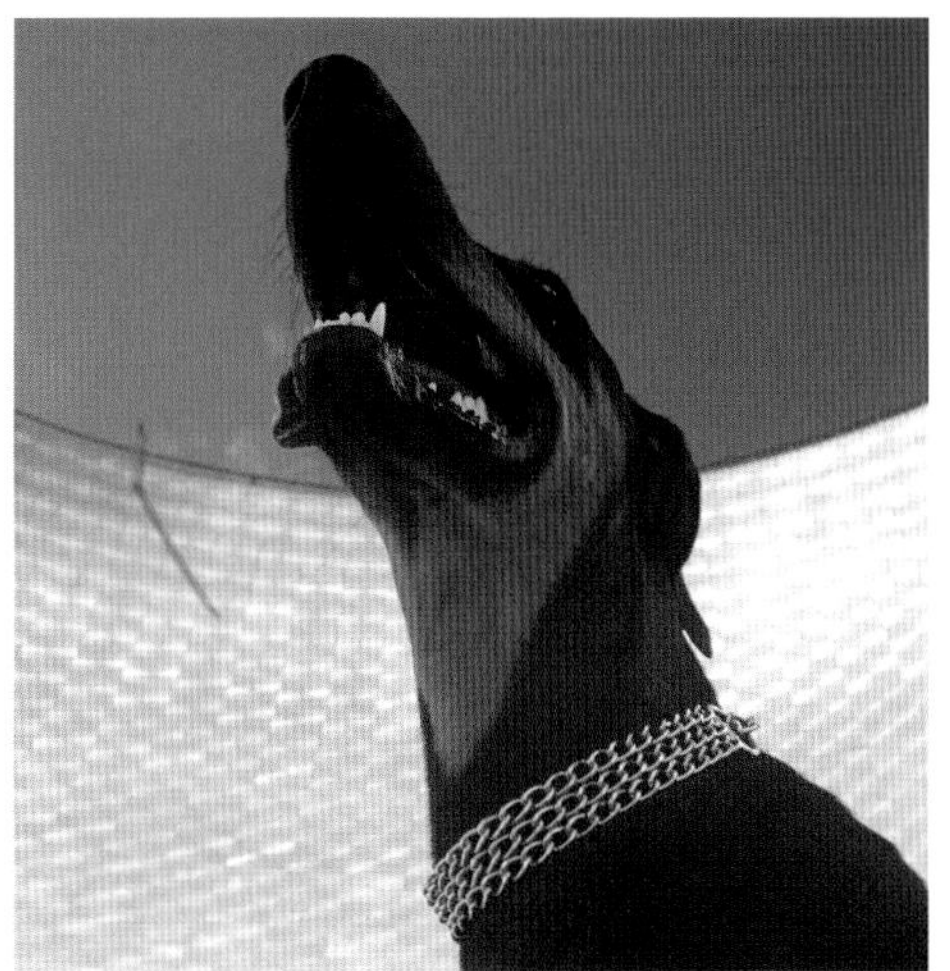

123

Overmono
Good Lies

XL / ビート

UKダンス・シーンの大物。この10年、アンダーグラウンドで歓声と尊敬を集めてきたラッセル兄弟によるオーヴァーモノの待望のアルバムで、衝撃度で言えば、昔エド・ラッセルがテセラ（Tessela）名義でリリースしたジャングル作品にはとうてい及ばないものの、キャリアを感じさせるうまさが光っている。ことUKガラージからの影響を洗練させるセンスはみごとで、〝So U Kno〟は象徴的な1曲。ピッチを速めたヴォーカルとブレイクビートの組み合わせの妙技。さあ、踊ろう。（野田）

21

Squid
O Monolith

Warp / ビート

イギリス西海岸の空気、ボックス村の自然ののびのびとした開放感が『O Monolith』にはそれとなく刻まれているが、おもしろいのは、ある意味で密室的な実験がそこに同居していることだ。自由で奇妙な律動を刻むパーカッション、渦巻く電子音、厳かなヴォーカル・アンサンブルがバンドの演奏と溶けあわせられることで、これまで以上に深められた独特の風合いの複層的な音が生み出されている。注目すべきことにトータスのジョン・マッケンタイアがミキシングをおこなった。

（天野龍太郎／ウェブ版6・8）

30 albums for 2023

22
PJ Harvey
I Inside The Old Year Dying

Partisan

フォーク・アルバムと呼びたい衝動にかられるが、それは私がこれまでにまったく聴いたことのないフォーク・ミュージックだ。熟練したアーティストが自分の強みを離れたところで新たな挑戦をするのにはいつだって心惹かれる。これは温かいが尋常ではない響きのアルバムで、ハーヴェイの成熟した作品を定義するようになった、どこにも分類することのできないクオリティを保っている。この音楽は時間や場所を超えて存在するようなものだが、彼女にしか創り得なかったものだ。（ジェイムズ・ハッドフィールド／ウェブ版10・2）

23
Anohni And The Johnsons
My Back Was A Bridge For You To Cross

Rough Trade / ビート

1曲目〝It Must Change〟、3曲目〝Sliver of Ice〟を聴いてこれは素晴らしいアルバムだと確信した。美しいソウル・ミュージック。今日の文化のモードを引き受けながら、しかしその範疇では表現しきれないものを表現するために過去のモード、愛と寛容の時代のモードを使っている。ドラマティックに展開する〝Scapegoat〟は彼女の代表曲になるだろう。ストーンウォールの反乱から54年、作品の背後には不公正（トランス嫌悪、資本主義etc）をめぐっての嘆きがある。（野田）

124

30 albums for 2023

24
/\//-//<
What You Know

Diagonal

ベルリンを拠点としたおよそ20年の生活に終止符を打って、日本に帰ってきたNHKことコーヘイ・マツナガはよりいっそう精力的に、いろんなレーベルから作品を出し続けている。UKのパウウェル主宰の〈ダイアゴナル〉からリリースされた本作がおびただしい量の彼のカタログのなかでもとびきり平和的な内容となったことは、この愛らしいアートワークからもうかがえるだろう。シンセサイザーの分厚いサウンドの最小限の構成による、シュールで、ユーモラスな世界が展開されている。（野田）

25

André 3000
New Blue Sun

Epic

元アウトキャスト、そしてPファンク精神の継承者のひとりによる、サプライズ・リリース。ラップもファンクもない、スピリチュアルな彼のフルート演奏による、カルロス・ニーニョとマシュー・デイヴィッドの協力のもとに完成させた、言うなればアフロ・ニューエイジ・アンビエント。2023年の最高の問題作だ。（野田）

26

Gazelle Twin
Black Dog

Invada

作曲家、プロデューサー、シンガーのエリザベス・バーンホルツ。今回は自身を媒体とし声をチャネリング、アルバム中に撹拌された薄気味悪いエレクトロニクスの響きは時折不穏な静けさに中断され聴く者を不安にし、時に不気味なサウンド・デザインと激しいヴォーカル・パフォーマンスで後期S・ウォーカーを彷彿させる。（ジェイムズ・ハッドフィールド／ウェブ版11・2）

125

27

Killer Mike
MICHAEL

Loma Vista

北部のエル・Pと組んだラン・ザ・ジュエルズ、バーニー・サンダースの支援など無二の活躍ぶりをみせるアトランタのラッパー11年ぶりのソロ作は、自身のルーツを見つめなおす南部に振り切れたサウンドに。大胆なゴスペル・クワイアの活用は、ブラック・コミュニティにとっての教会の重要性をあらためて思い出させてくれる。（小林）

125

28

Fred again.. & Brian Eno
Secret Life

text

人気若手プロデューサーと御大による年齢差45歳コンビ。ささやかなノイズやピアノといった繊細な要素と、一部のヴォーカルなど大味だったり感傷的だったりする要素とがうまくブレンドされた特異なアンビエント。〝Radio〟は現代にアーサー・ラッセルを蘇らせる試みか。フォー・テットのレーベルから出ている点も重要だ。（小林）

30 albums for 2023

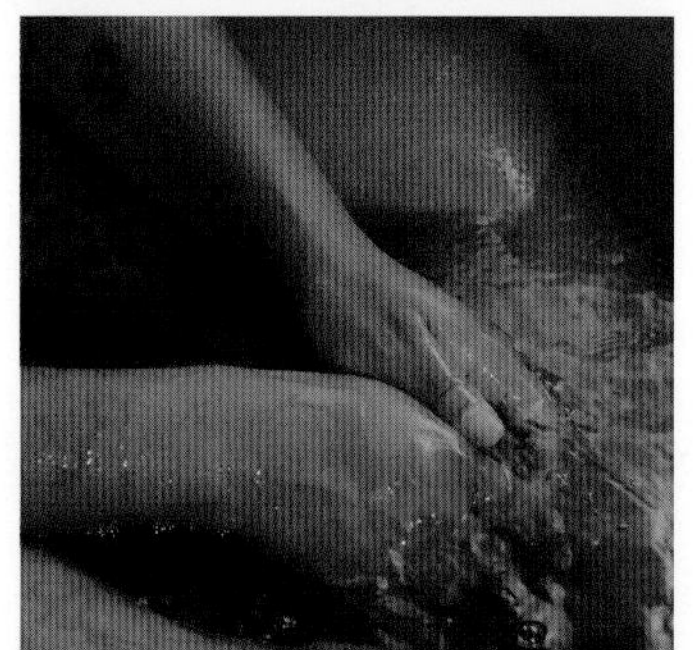

29

L'Rain
I Killed Your Dog

Mexican Summer

『Wire』は表紙、『ピッチフォーク』も絶賛のドリーミー・エクスペリメンタルの騎手による3枚目。ソウル、ジャズ、エレクトロニカ、アヴァン・ロックを合成。現代美術のキュレーターでもある彼女の音楽はギャラリーが似合うかもしれないが、彼女はアカデミズムに収束されることを拒む。黒人音楽の知的展開の最新型。

（野田）

30

TESTSET
1STST

ワーナーミュージック・ジャパン

風通しの良い疾走感に満ちた曲を多く収録している。精密な砂原良徳のトラックの「ライヴ感」。ところどころに「世間」への「毒」と「棘」がある。これはLEO今井の個性かもしれない。同時に冷静な砂原の論理性もある。TESTSETはMETAFIVEという「伝説」から脱して、TESTSETとして新たな「歴史」を歩みはじめている。

（デンシノオト／ウェブ版7・20）

126

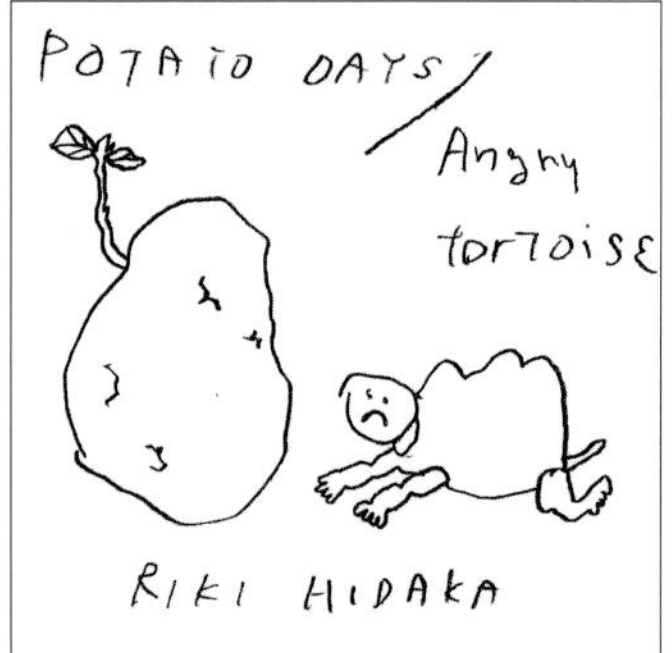

31

Riki Hidaka
Potato days/Angry tortoise

self-released

いまやエクスペリメンタル／ドローン作家としての地位を築きつつあるギタリストのリキ・ヒダカ。ジム・オルークがサポートする本作は、蜃気楼のような静寂からはじまるドローンで、やがてリスナーを向こう側の世界へとトランスさせる。別冊『アンビエント・ジャパン』のなかにこの作品を入れなかったことを後悔した。

（野田）

126

30 albums for 2023

32

Sleaford Mods
UK GRIM

Rough Trade / ビート

ジェイソン・ウィリアムソンとアンドリュー・ファーンのような人たちは、変人が変人のまま生きられる伝統／文化がなければ生まれない。日本に住んでいる自分がなぜこんなにも彼らに共感を覚えるのかといえば、身体は土に埋められていても口先だけは毒づくことを止めないそのアティチュードにある。がんばりましょう。（野田）

2023 Best Reissues and Archives

2023年ベスト・リイシュー24選

選・文：編集部　協力：河村祐介、山崎真央

過去の音楽はときに新譜以上の魅力を放つ。2023年にリリースされたリイシュー盤、発掘音源やアーカイヴ集から24タイトルをセレクト。

1

Wendell Harrison & Phillip Ranelin
A Message From The Tribe Box Set

Pヴァイン

デトロイトの〈Tribe〉はスピリチュアル・ジャズ三大レーベルのひとつ。そのもっとも著名なアルバムには3つのヴァージョンがあった。このボックスセットがすごいのはその3種をコンプリートするにとどまらず、彼らが発行していた雑誌まで復刻したところ。70年代ブラック・カルチャーの状況を今日に伝える偉業だ。

127

2

Milford Graves with Arthur Doyle & Hugh Glover
Children Of The Forest

Black Editions Archive

伝説的なジャズ・ドラマーにして心臓の研究者、ポスト・パンクにも影響を与えたミルフォード・グレイヴスは、フリー・ジャズがエリートや一部の好事家だけのためのものではないことを草の根的な活動をとおして実践してきた。そのパッションは76年、クイーンズで録音されたこの未発表音源集からも聴きとることができる。

3

Main Source
The Science

Pヴァイン

90年代ニューヨークのヒップホップを代表する名盤『Breaking Atoms』（91）で知られるメイン・ソースには、お蔵入りとなってしまった幻のセカンド・アルバムがあった。ラージ・プロフェッサー在籍時に制作されたそれがまさかのオフィシャル・リリース。ヒップホップ誕生50周年にふさわしい、歴史を揺るがす発掘だろう。

4

吉村弘
Surround
Temporal Drift

小杉武久のグループに参加するなど実験音楽に出自をもつ環境音楽家、吉村弘（2023年は神奈川県立近代美術館で展示も）。長らく再発が待たれていた高額盤がついにリイシュー（オリジナルは86年、ミサワホームの「Soundscape」第2弾）。やさしい音世界。

5

Various
The Beat by DJ Spun
（West Coast Breakbeat Rave Electrofunk 1988-1994）Vol 1
Above Board Projects

ディスコ・ダブ系レーベル〈Rong Music〉主宰のDJスパンによる良仕事。80年代末から90年代前半にかけ米西海岸で生起した独自のレイヴ・シーンのドキュメント的なコンピ。種々のスタイルを包含するブレイクビーツ集。間髪をいれず続編「2」「3」も。

6

Jon Hassell
Further Fictions
Ndeya / ビート

90年作『City』が14年にリイシューされた際に追加された音源集「The Living City」「Psychogeography」が初LP化、両者を合体したCDがこれ。前者はイーノがミックスを手がけた89年ライヴ録音、後者は『City』をシチュアシオニスト的に再考したものだそう。

7

Phew
Our Likeness
Mute / トラフィック

長らく廃盤だった92年作。ケルンのコニーズ・スタジオで録音、ヤキ・リーヴェツァイト、アレックス・ハッケ、クリスロ・ハースらが脇を固める。クラウトロックやノイズ・ロックの実験的サウンドをバックに奇妙かつ魅力的なヴォーカル表現が繰り広げられる。

8

Don Cherry & Jean Schwarz
Roundtrip
Transversales Disques

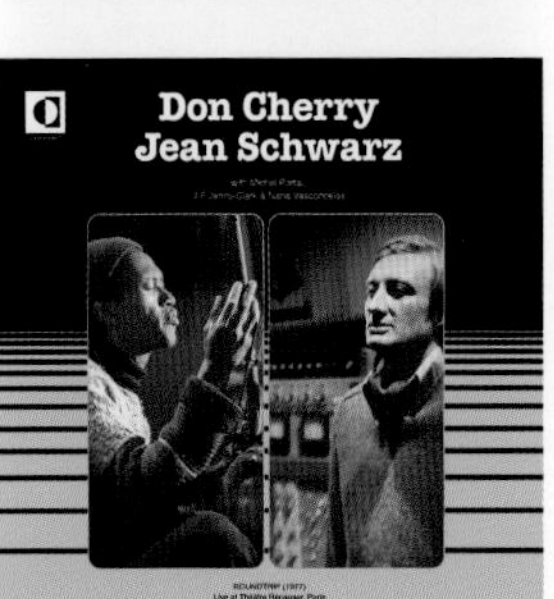

フリー・ジャズの巨匠とフランスの電子音楽家による未発表ライヴ音源（77年録音）。ミニマルな反復、ジャズと民族音楽と電子ノイズの衝突は、ありえたかもしれない並行世界におけるテクノの可能性を垣間見せてくれる。ナナ・ヴァスコンセロスも参加。

2023 Best Reissues and Archives

9

非常階段
蔵六の奇病
P ヴァイン

着々と復刻を進めている〈アルケミー〉。ジャパニーズ・ノイズ最重要作の1枚、82年に〈アンバランス〉からリリースされたファースト・アルバムがLPでリイシュー。84年に急逝したメンバー市口章、その追悼盤としてたった14枚だけ販売されたEPも追加収録。

10

Pharoah Sanders
Pharoah
Luaka Bop

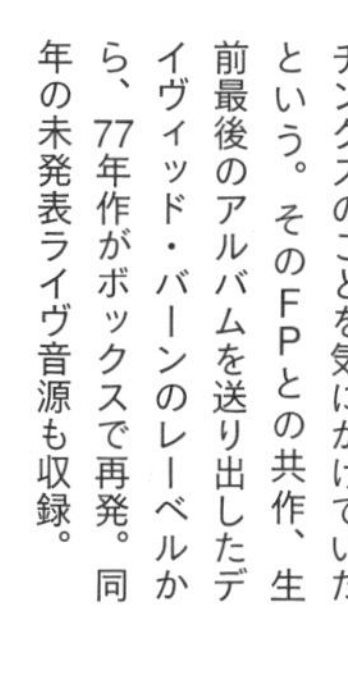

フローティング・ポインツの証言によれば、晩年はシャバカ・ハッチングスのことを気にかけていたという。そのFPとの共作、生前最後のアルバムを送り出したデイヴィッド・バーンのレーベルから、77年作がボックスで再発。同年の未発表ライヴ音源も収録。

11

Various
Tokyo Riddim 1976-1985
Time Capsule

「和製ラヴァーズ・ロック」というテーマのもとレゲエ調の日本のポップスを集めたコンピ。近田春夫がプロデュースした平山みきにはじまり、小坂忠、小林〝ミミ〟泉美、八神純子、越美晴、マリーン、そして坂本龍一がアレンジしたりりィの計8曲を収める。

129

12

Satomimagae
Awa (Expanded)
RVNG Intl. / PLANCHA

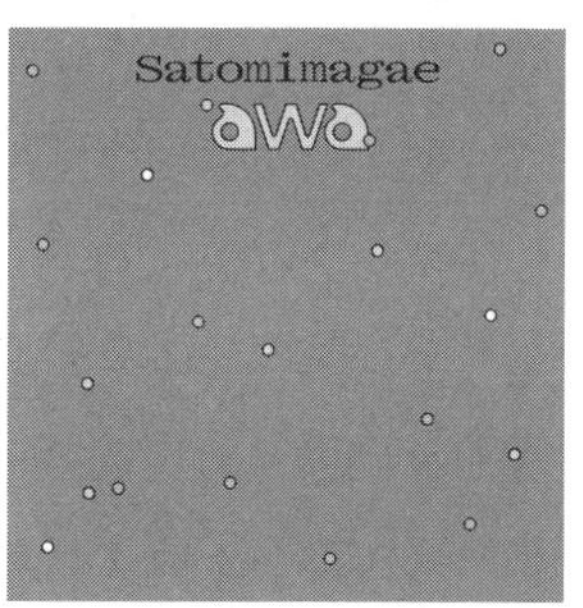

静けさを醸成しつつ独自の実験的なサウンドを奏でる東京のフォーク・シンガー、サトミマガエ。彼女が11年前に自主制作した原点とも呼ぶべきアルバムが拡張版となって復活。さまざまな具体音と歌、ギターが織りなす特異な音響はいま聴いてもかなり刺戟的。

13

Various
Buffalo 66
(Original Motion Picture Soundtrack)
Family Friend

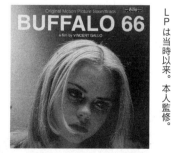

ヴィンセント・ギャロが監督・脚本・主演を務めた98年の映画のサウンドトラック。ギャロの手による曲自体は〈Warp〉から出た02年の編集盤に含まれていたものの、キング・クリムゾン、スタン・ゲッツ、イエスを含む完全体でのLPは当時以来。本人監修。

14

Black Dog Productions
Bytes
Warp / ビート

〈Warp〉のA-シリーズ30周年ということで、93年のエレクトロニカの名作がリマスターされ当時以来となるLPでリイシュー（次作のザ・ブラック・ドッグ『Spanners』も同発）。秋にはフューズ（リッチー・ホウティン）とスピーディ・Jもこれにつづいた。

15

今田勝
Planets
BBE / ウルトラ・ヴァイヴ

和ジャズ黄金時代と評されている60年代後半から80年代の前半までにリリースされた、レアなモダン・ジャズの諸作品の再発を18年より続けているUKの〈BBE Music〉。23年は隠れ名盤と誉れ高い今田勝トリオのアルバム『Planets』が話題となった。

16

Oleksandr Yurchenko
Recordings Vol. 1, 1991—2001
Shukai

ウクライナの実験音楽家オレクサンドル・ユルチェンコ（20年没）の音源を集めた編集盤。冒頭はオリジナルの弦楽器が発するノイズが強烈なインパクトを与える長尺ドローン曲だが、ほかにアンビエント・ファンが気軽に楽しめそうな曲や民族音楽的な曲も。

17

Horace Ferguson
Sensi Addict
333

プロデューサーはプリンス・ジャズボ、〈Ujama〉から87年にリリースされたディジタル・ダンスホールのレアな高額盤。〈Death Is Not The End〉傘下のリリース元〈333〉はアルバム、シングルともにマニア心をくすぐるレゲエのリイシューを連発。

18

Various
Happy Land
Above Board Projects

92～96年のUK産エレクトロニック・ミュージックを蒐集したコンピ。キャブス、ウルトラマリン、ブラック・ドッグやエイフェックス・ツインの変名などレア曲多数。プレスミスによりスウィフティーズに誤配され「呪われている」との〝讃辞〟を得た。

19

Arthur Russell
Picture Of Bunny Rabbit
Audika / Rough Trade / ビート

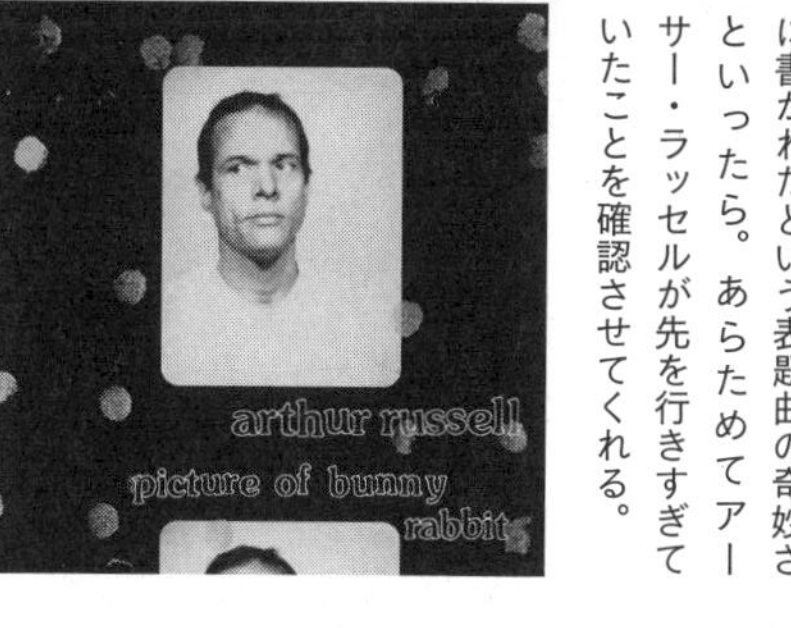

生前唯一のソロ・アルバム『World Of Echo』と同時期に録音された未発表パフォーマンス9曲を収録。友人のペットのウサギのために書かれたという表題曲の奇妙さといったら。あらためてアーサー・ラッセルが先を行きすぎていたことを確認させてくれる。

20

The Air Music International
Pass The Santa-Lucia Gate In Manila
Music That Shapes

まさか日本にこんなバンドがいたとは。ジ・アップセッターズから触発された序盤2曲のレゲエ（アルバムはリー・ペリーに捧げられている）、ファズの効きまくったギター、ホルガー・シューカイからインスパイアされた最終曲。強い信念を感じさせる84年作。

21

Interferon
SEANCE-ROOM MUSIC [DELUXE EDITION]
ExT / ウルトラ・ヴァイヴ

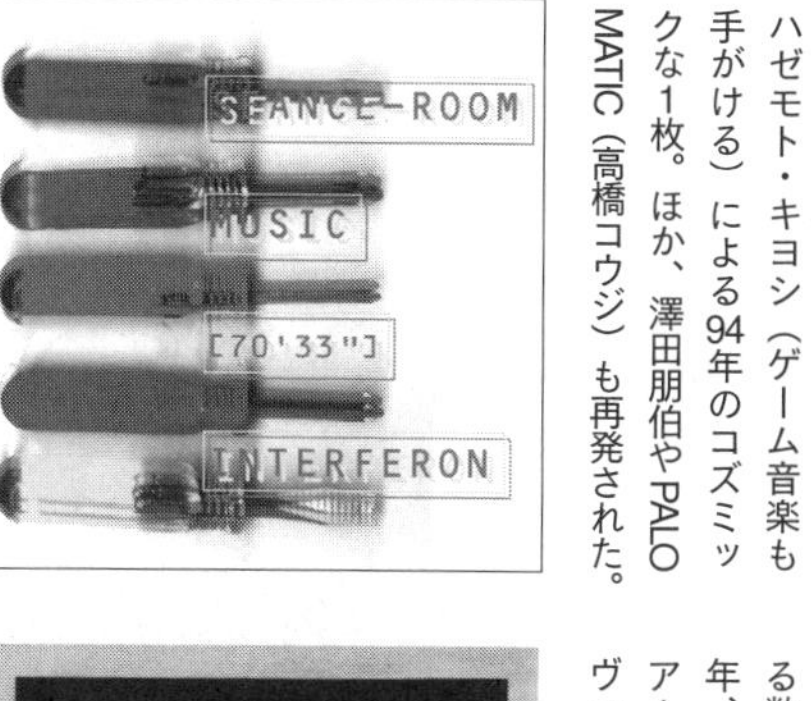

90年代日本のテクノを代表するレーベル〈TRANSONIC〉のリイシューがつづいている。これはSigh Societyとして現在も活躍中のハゼモト・キヨシ（ゲーム音楽も手がける）による94年のコズミックな1枚。ほか、澤田朋伯やPALOMATIC（高橋コウジ）も再発された。

131

22

Wolf Eyes V/A
Difficult Messages
Disciples

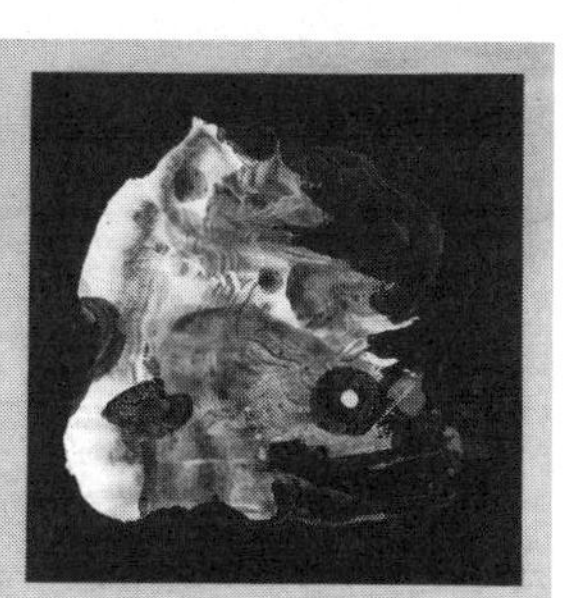

ウルフ・アイズとその仲間たちが制作したプライヴェート・プレスの7インチ音源を集めたコンピ。ロウファイでノイジー、気骨のある数々の曲が楽しめる。2023年、10年ぶりの再来日を果たしたアーロン・ディロウェイもユニヴァーサル・アイズとして参加。

23

The Vision
Waveform Transmission Vol. 2
Tresor

ジェフ・ミルズとともにURを脱退しNYへと移住したロバート・フッド、そのザ・ヴィジョン名義による初アルバム。ミルズ～URの影響が濃厚なハード・ミニマル・サウンドを響かせる。『Internal Empire』（94）以降の個性が獲得されるまえの貴重な記録。

加速しつづけるダンスへの欲望

2022年から続くダンス・ミュージックの勢いはさらに加速、ベース・ミュージックやトランスの熱は保たれています。そんな中でも、EPごとにキャリアアップしアルバムで人気が爆発したオーヴァーモノ『Good Lies』は2023年を代表する1枚ではないでしょうか。圧巻のパフォーマンスをフジロックで披露し、2024年以降はマスレベルまでジャックするか注目です。②は2022年のデクマンテルでヤング・マルコが初披露しボイラー・ルームで公開されるやあっという間にアンセム化。トランスは彼が近年傾倒していて、本作は、ポスト・パンデミックにおけるアイコニックなトランシー・レイヴ・チューンとしてヴァイナルも即完売でした。

③期待を裏切らないDJコーツェ、5年ぶりのEP。〈Pampa〉のソフィア・ケネディをフィーチャーした荘厳で神秘性に満ちたエレクトロニック・ダンスと、催眠的なサイケデリック・ミニマルを収録。コーツェはロイシン・マーフィーのアルバム・プロデュースも手掛けるなど、アルバムに向けてのギアを入れている模様です。

エイフェックス・ツインからジェイムス・ブレイクまで、UKのビッグネームが相次いで新作をリリースした2023年の夏（枠の関係で両作品はセレクト外ですが、どちらも素晴らしい作品であることはご承知かと）。ケミカルの10thアルバムは、堂々たる重厚さを持ちながらある種のセンチメンタリズムをまとった作品です。抑圧からの解放としてのダンスをキャリア30年以上のビッグネームが吐き出すことからも疫病や戦争がもたらした影響を考えずにはいられません。ここまでの4作品に共通するエモさは、いまのダンス・ミュージックを把握する上で大きい部分と思います。

選・文：猪股恭哉（diskunion）
selected & written by Kyoya Inomata

K・ローンも外せません。ニューエイジ的世界観とポリフォニックなリズムで高い評価を集めた前作の名残りも残しつつビートもある高い完成度のアルバム。韓国のサラマンダも招致した〈Wisdom Teeth〉、2024年も要チェックです。

　カッセム・モッセのアルバムも、リスニングとダンスの両翼を行き来する注目作。シンセの魅力を効果的に引き出した内容は、〈Workshop〉屈指の作品といって差し支えないでしょう。復活したBeat In Meで来日したルーマニアのペトレ・インスピレスク5年ぶりのEP。細密な音構築と低音による下支えの絶妙なバランスはもはや至高。ルーマニア勢では〈Amphia〉からのダン・アンドレイや、ラレッシュ絡みのユニットであるA_Rも良き、でしたし、リカルド関連作品も、ソロやコラボから再発まで精力的なリリースがあるなど、ミニマル勢全体でも変わらぬリリース量で高値安定。

　オリジネイターらしい説得力あふれるタフなエレクトロ殴打を28年ぶりに放ったサイボトロンの新作。ベーシック・チャンネルのモーリッツオの甥、ローレンスも参加するなど、往年のテクノフリークは3MBの復活を想起させる胸アツな一枚。日本人プロデューサーではゴンノ8年ぶりのEPや〈Kompakt〉から発表されたワタ・イガラシのデビュー・アルバムは間違いない内容でした。実験的電子音楽、ベルリン・スクールからフリー・ジャズなどでアプローチする神秘的なストーリーテリングに唸らされました。⑩はベルリンのレコードショップ兼レーベル兼ディストリビューターである〈Sound Metaphors〉系列のレーベルからのコンピレーション。横田進ともユニットをかつて組んでいたレイ・キャッスル協力の元、1990年前後7年間における聖地ゴアのクラシックをコンパイル。当時のトランス的なダンス・ミュージックを現代の視点で捉え直す重要な作品。〈Sound Metaphors〉の影響力はさらに強化されていくと思われます。

10 best Techno works in 2023

01. Overmono - Good Lies - XL / ビート
02. Young Marco - What You Say? - Safe Trip
03. DJ Koze - Wespennest EP - Pampa
04. The Chemical Brothers - For That Beautiful Feeling - Virgin / ユニバーサル
05. K-Lone - Swells - Wisdom Teeth
06. Kassem Mosse – Workshop 32 - Workshop
07. Petre Inspirescu - Atelier Baros - DisDat
08. Cybotron - Maintain The Golden Ratio - Tresor
09. Wata Igarashi - Agartha - Kompakt
10. Various - Gonzo Goa: Party Music '87–'94 - Sound Migration

何度目かの全盛期を迎えた北米シーン、ハイパーポップとの融合、フォークの革新

134

Indie Rock

インディ・ロック

メインストリームでは「女のロック」をぶち上げたオリヴィア・ロドリゴが圧倒的だったが、彼女と交友を深めるフィービー・ブリジャーズ、ジュリアン・ベイカー、ルーシー・デイカスからなるボーイジーニアスのデビュー作こそ2023年のベスト・アルバムにふさわしい。フェミニズム、クィアとの連帯の面でも3人の声が中心にあった。

そのまま北米インディについて。異形のロックをものにしたイヴ・トゥモア、奇妙な変化を遂げたギース、前衛性を果敢に推し進めたウォーター・フロム・ユア・アイズ、内省を親密な音に刻んだユース・ラグーン、シューゲイズ／ノイズ・ロックの新鋭フィーブル・リトル・ホース、構築と破綻の美で魅せた新星スプレイン、眩しい騒音を纏ったホットライン・TNTの作品が素晴らしかった。例年書いていることだが北米インディはいま、創造性を確実に取り戻している。その象徴としてMJ・レンダーマンがソロでも活躍したウェンズデイとミツキの快作を選んだ。一方ウィルコ（ケイト・ル・ボンとアルバムを制作）、ザ・ナショナル（アーロン・デスナーが引き続き活躍）、スフィアン・スティーヴンス（亡き恋人への思いとともにカミング・アウト）、アニマル・コレクティヴ、ヨ・ラ・テンゴ、ファイスト、パラモアら中堅も気を吐き、アノーニは久々に原点ジョンソンズに帰還。力作『Mercy』を残した大御所ジョン・ケイル、芸術家ロニー・ホーリーやカントリー（2023年のキーワードのひとつ）の領域から飛びだしたザック・ブライアンと共演したボン・イヴェールのジャスティン・ヴァーノン、ベスト・コーストを休止させソロでカントリー・ロック路線に向かったベサニー・コセンティーノも印象的だ。ラッパーのリル・ヨッティとケヴィン・アブストラクトがロック・アルバムと言える作品をリリースしたことは興味深い。

ハイパーポップ／ディジコアとインディ・ロックの融合はシューゲイズやエモを介し深まっており、ユール、アンダースコアーズ、ジェイン・リムーヴァーなどがその例である。ヴェイパーウェイヴ出身のジョージ・クラントンはその先駆だろうか。国際的にブレイクした韓国のパラノウルも文脈と質感は近い。ふざけ倒した100ゲックスのアルバムは笑えた。

選・文：天野龍太郎
selected & written by Ryutaro Amano

ele-king 32
ele-king 32

UKとアイルランドに目を移すと、コロナ禍明けの来日ラッシュで最高のライヴを見せてくれたバンドが多かったが、録音作品については停滞感が感じられなくもない。新体制BCNRのアルバムがライヴ盤だったことがその証左か。が、10年代後半以降に盛り上がったシーンは成熟を見せ、キング・クルール、スクウィッド、シェイム、デスクラッシュなどの作品がそれを物語る。特筆すべきはマンチェスターの前衛派マンディ・インディアナ、〈Matador〉から2作を発表したロンドンのバー・イタリア。フォンテインズ・DCのグリアン・チャッテンのソロ・アルバムはなかなか面白かった。まとまった作品こそリリースされなかったが、"Glue Song" をヒットさせテイラー・スウィフトのツアーに帯同したビーバドゥービーはMVPのひとり。豪州ではアレックス・レイヒー、相変わらず猪突猛進なキング・ギザードの作品を推したい。

インディ・フォークの活況については本誌29号を参照してもらいたい。2023年の顔はアイリッシュ・フォークの革新派ランクムだろう。ジュリー・バーン、マリア・BC、ジョアンナ・スタンバーグ、カラ・ジャクソンのようなシンガーソングライターも優れた作品をつくりあげ、ブルー・レイクことジェイソン・ダンガンのアンビエント・フォーク作『Sun Arcs』はユニークだった。

最後に、10月以降のガザ戦争が過酷化するなか親パレスチナ連帯と抵抗の声が音楽界で広がり、ここで挙げたアーティストの何名かがその輪に参加していることを書き記しておく。

10 best Indie Rock works in 2023

01. boygenius - the record - Interscope
02. Wednesday - Rat Saw God - Dead Oceans / ビッグ・ナッシング
03. yeule - Softscars - Ninja Tune
04. 파란노을 (Parannoul) - After The Magic - Topshelf
05. Sufjan Stevens - Javelin - Asthmatic Kitty / ビッグ・ナッシング
06. Black Country, New Road - Live At Bush Hall - Ninja Tune / ビート
07. Mitski - The Land Is Inhospitable And So Are We - Dead Oceans / ビッグ・ナッシング
08. underscores - Wallsocket - Mom + Pop / Corporate Rockmusic
09. Lankum - False Lankum - Rough Trade
10. Kara Jackson - Why Does The Earth Give Us People To Love? - September

新世代の活躍、米英外からも無視できない成果

2010年代以降の新世代ジャズの台頭はすでに一般化しており、2020年代はロバート・グラスパーやカマシ・ワシントンなどのさらに下の世代も出ている。2023年はそれらポスト世代が活躍し、米英外の国の動きも活発だった。その筆頭がフランスのストラスブールを拠点とするトリオのエミール・ロンドニアン。ファースト・アルバムではホーン・セクションやシンガーも配し、ヒップホップ的なアプローチなどはロバート・グラスパーの影響もあるが、よりエレクトロニックでクラブ・ミュージックに接近したスタイルと言える。女性ヴォーカルを配したブロークンビーツ的なナンバーをやったり、オーストラリアの30／70などに近いソウルフルなところも見られる。

ドイツ人ピアニストのランバートはこれまでポスト・クラシカル的な作品をやっていたが、最新作はピアノ・トリオでジャズをやる。同じピアノ・トリオのゴーゴー・ペンギンの影響もあり、リズム・セクションはとても現代的だが、もともとクラシック出身なのでピアノ演奏そのものは正統的なスタイル。ピアノ以外にシンセやギターを演奏し、随所にエレクトロニクスを取り入れ、アンビエントやモダン・クラシカルなアプローチとジャズを融合する。ベルギーのシュリュートフープは、廃材や古い金属資材などを楽器に改造して音を奏でる異色のグループ。ニューオーリンズのセカンド・ライン・グルーヴ、アフロ・キューバンや北アフリカの伝統的なリズム、アラビアのジャズなどを

選・文：小川充
selected & written by Mitsuru Ogawa

モチーフとするデビュー作に続く新作は、民族音楽やフリー・ジャズに加え、ダブやアンビエント、ドリルなどの要素、ピッチシフト・ディレイやリヴァーヴ・エフェクトなどエレクトロニクスを交えた実験作。

2010年代後半より南ロンドンはジャズの中心で、2023年はスピーカーズ・コーナーズ・カルテットという新しい集団がアルバムを発表した。ヒップホップやスポークンワード・イベントのバック・バンドから発展したグループで、MC、シンガー、詩人らとの共演が鍵。ジャズ、ヒップホップ、R&B、ポエトリー・リーディングが交錯したロンドンのストリート・ミュージックならではのアルバムで、ウー・ルーやブラック・ミディなどオルタナ新世代と繋がるところも感じさせる。ロンドンではアルファ・ミスト、ユセフ・デイズという実力者の作品も充実。前者の『Variables』はアフリカ音楽などを取り入れたフォーキーなムードが印象的で、後者の『Black Classical Music』は自身のルーツのカリブやアフロ・キューバン色が濃厚だ。

ルーツという点は、アメリカの新世代ジャズ・トランペッターであるチーフ・アジュアーことクリスチャン・スコットの新作にも顕著だ。自身のルーツであるニューオーリンズのアフロ・アメリカン文化の色彩が強く、ここではトランペットを一切演奏せず、自身で作った打楽器や弦楽器を演奏し、兄弟たちも参加したファミリー・ツリー的なアルバムだ。シアトルではカッサ・オーヴァーオールが新作をリリース。それまで彼がやってきたジャズとヒップホップの融合がさらに進化し、フリー・ジャズや前衛音楽も交えた先鋭的な姿を見せる。同じシアトルのグループであるハイ・パルプのアルバムには、ジェフ・パーカー、ブランディ・ヤンガー、カート・ローゼンウィンケルからデイダラスまで参加。ジャズ、サイケ、オルタナ・ロック、エレクトロニック・ミュージックが混然一体となった世界を見せる。そしてシカゴからは、昨年亡くなったトランペット奏者ジェイミー・ブランチの遺作となるアルバムが発表された。パンクやノイズ、アフロ・カリビアンなどの要素も含まれたスピリチュアルな作品である。

10 best Jazz works in 2023

01. Alfa Mist - Variables - Anti- / Silent Trade
02. Yussef Dayes - Black Classical Music - Brownswood
03. Speakers Corner Quartet - Further Out Than The Edge - OTIH
04. Emile Londonien - Legacy - Omezis
05. Lambert - All This Time - Mercury Classics
06. Kassa Overall - Animals - Warp / ビート
07. High Pulp - Days In The Desert - Anti-
08. schroothoop - MACADAM - Sdban Ultra
09. Jaimie Branch - Fly Or Die Fly Or Die Fly Or Die ((World War)) - International Anthem / rings
10. Chief Adjuah (Christian Scott aTunde Adjuah) - Bark Out Thunder Roar Out Lightning - Ropeadope

フロア強度が高いものの人気がさらに強まった一年

フロア強度が高いものの人気がさらに強まった2023年。アノニマス・レーベルの〈Tartan〉（エジンバラ出身）も絶好調、ジャイルスやフニー、オプティモや〈Keinemusik〉もサポートしてきたウォレス。バウンス、パーカッシヴ、テック、ガラージなど、あらゆる場面に適応できるトラックがトップ・クオリティで鳴っている、〈Rhythm Section〉久しぶりの完全ダンスフロア向けEP。②はベルリンのオルタナティヴ・パーティーCocktail D'Amoreのレジデント DJであるトレントのパーカッシヴ・サイケ・ディスコ。異常なフロア説得力が全体からにじみ出るディスコ・ダブ〜サイケ・ディスコの現行発展形、NYアンダーグラウンドにも通じる狂気のドラムが実に素晴らしい。ルイ・ヴェガを長年支えてきたエンジニアのヤス・イノウエと、デヴィッド・マンキューソの薫陶を受けNYCでDJをおこなってきたタカヤ・ナガセによるユニット③。ヴォルテージ・ブラザーズをカヴァーしたNYストリートのラテン・ファンク・ハウスはオールド・スクーラーも納得です。

　南米ペルー出身のソフィア・コルテシスによる〈Ninja Tune〉からのデビュー・アルバム④。メロディックな上モノとしっかりとツボを抑えたリズム隊はフローティング・ポインツやフォー・テットにも近いエモーショナルな部分と、マヌ・チャオをフィーチャーするようなアクティヴィストとしての部分もあるなど、メッセージ性も含めて高く評価されています（自ら本作を映画『モーターサイクル・ダイアリーズ』に重ねあわせているほど）。

　あっという間に著名アーティストとなったトム・ミッシュによる自身のハウス・フェチを全開にした⑤。フィルター・ディスコ、ループ・ハウス、フレンチ・タッチ、アシッド・ハウス、ブレイクビーツ、ケリー・チャンドラー的USディープ・ハウス。歌モノ・アルバムとしても魅力的な仕上がりで、本作から奥深いハウス・ミュージックの世界へ足を踏み入れてくれることを願っております。

　すでにDJからは厚い信頼を得ているニュージーラ

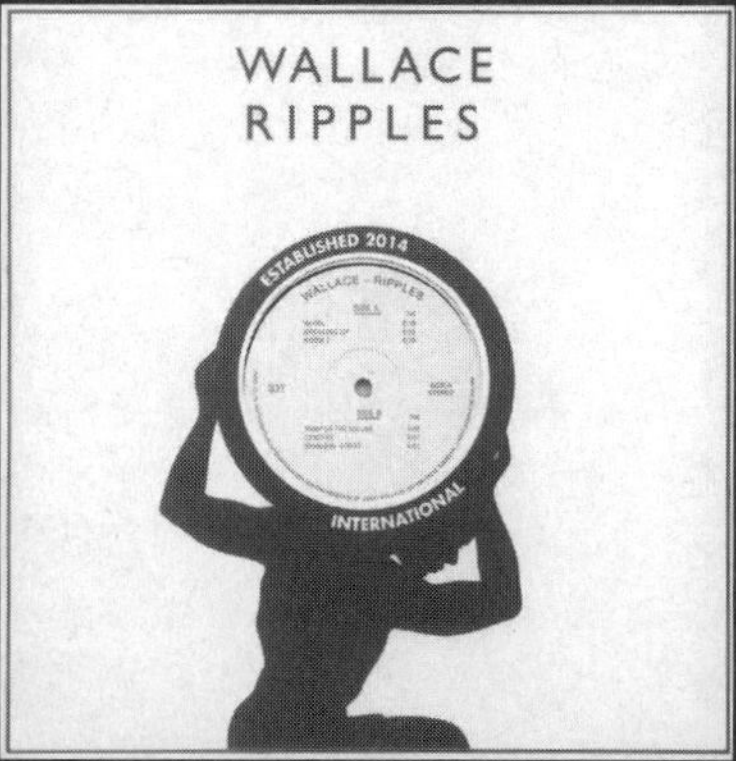

選・文：猪股恭哉（diskunion）
selected & written by Kyoya Inomata

ンド出身エデン・バーンズによる⑥。②のトレントとも近いニュアンスはありつつ、ドラムを軸としたドライヴ感重視のハウスは普遍的強度を持っていて安心のフロア・ツール。南アフリカを代表するトップDJ、ブラック・コーヒーとドイツ新世代の人気ハウス・チーム、〈Keinemusik〉のメンバーであるアンド・ミーがタッグを組んだドラマティック・アンセム⑦。インナーヴィジョンズ以降のテック・ハウスのトップ・チームであることを堂々たるスケールのトラックで証明する形です。USディープ・ハウスの重鎮二人による⑧はまさに横綱相撲。ジャングル・ウォンズのハリー・デニスをフィーチャー、ポエトリー、アフリカン・パーカッション、オルガンによる14分超えの大作で、ジョーのスピリチュアル・パワーが完璧に発揮されたディープ・ハウス傑作。

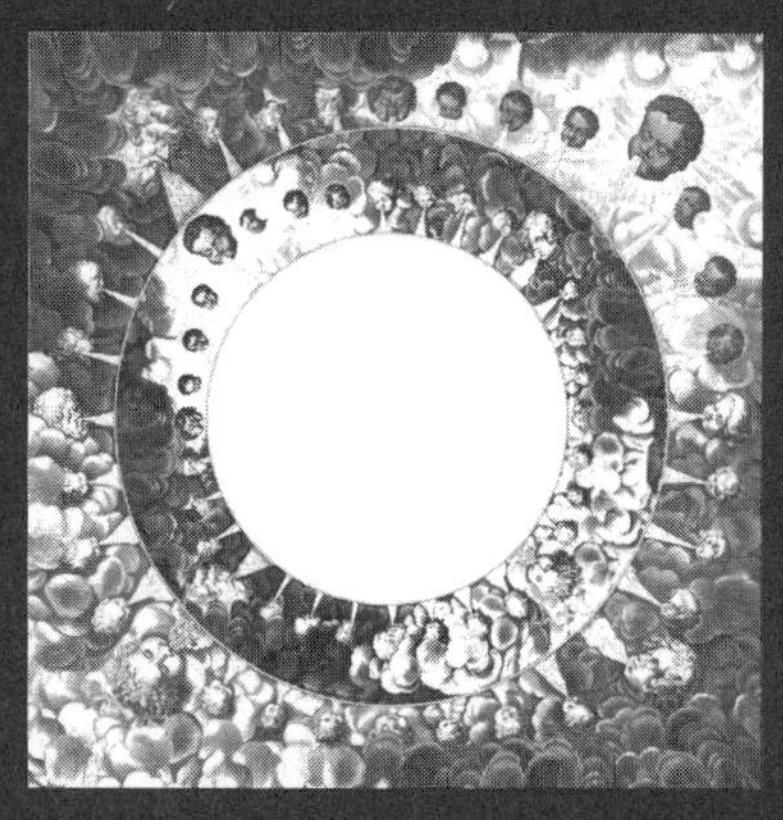

イタリア・ミラノのジャックス・マディシンのメンバー、ターボジャズのソロ・デビュー・アルバム⑨。ビヨンセやハニー・ディジョン作品にも参加するデイヴ・ジルスら腕利きミュージシャンたちとコラボしたジャズ~ハウス~ソウルにまたがる内容で、UKジャズ方面からも評判を集めました。

⑩UKの新興ディスコ・エディット・レーベル、〈Hot Biscuit〉から。バリー・マニロウをドナ・サマーがカヴァー、それをさらにカヴァーしたダンテズ・インフェルノをエディット。13分超えの壮大で完璧なピークタイム・ディスコへ。ピート・ブレイカーはツボを押さえてます。

セオ・パリッシュやアンドレス、モーターシティー・ワインからのジョン・ベルトラン、ワジードをフィーチャーしたデイムス・ブラウンなど、2023年もデトロイトは実り多い一年でした。

10 best House works in 2023

01. Wallace - Ripples - Rhythm Section International
02. Trent - Rosco Disco - Bless You
03. Domo Domo - Happening In The Streets (Tribute To Voltage Brothers) - Vega
04. Sofia Kourtesis - Madres - Ninja Tune
05. Supershy - Happy Music - Beyond The Groove / ビート
06. Eden Burns & Christopher Tubbs - Tubbs & Burns Vol. II - Public Possession
07. &ME, Black Coffee - The Rapture Pt. III - Keinemusik
08. Ron Trent - Black Magic Woman: The Revisions EP (feat. Harry Dennis) - Sacred Medicine
09. Turbojazz - Whateverism - Last Forever
10. Pete Blaker - Donna Not Donna - Hot Biscuit

「彼女たち」がシーンをおもしろくする

ヒップホップ誕生50周年を祝した『The New York Times』の特集内には近年の女性ラッパーたちの躍進にフォーカスした「The Future of Rap Is Female」なるコラムが含まれていたが、まさにヒップホップの未来は彼女たちの手の中にあるのではないか、そんな気にさせられる2023年だった。実のところ商業的にめざましい成果を上げている者はそれほど多くはないのだが、数字以上に女性ラッパーの存在感が増していることはシーン内のコンセンサスとして確実に共有されている印象がある。

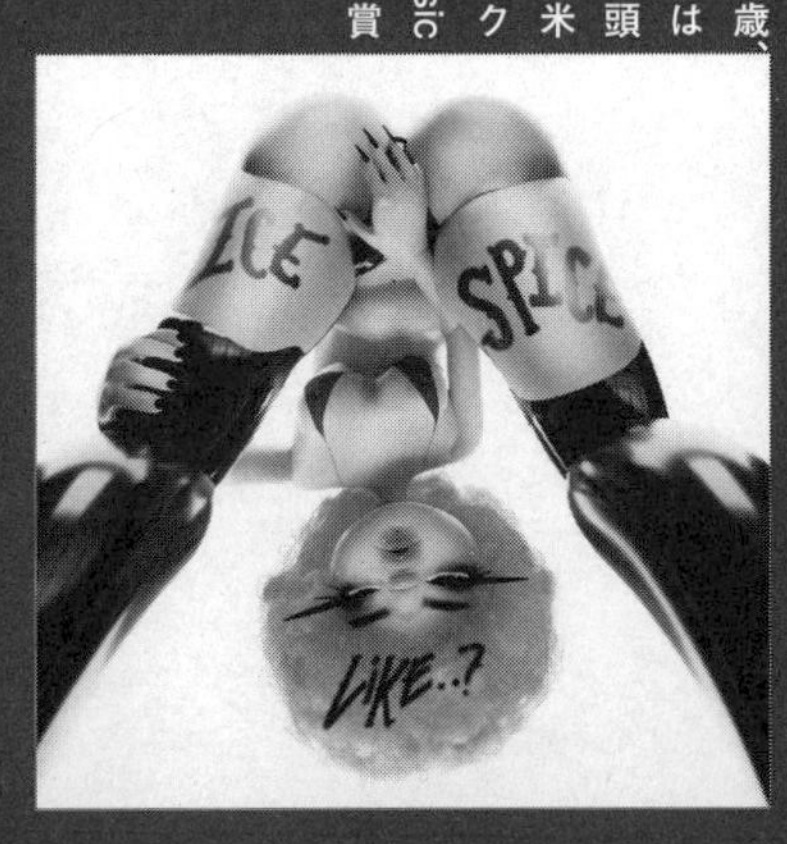

その象徴的な存在といえるのがブロンクス出身の23歳、アイス・スパイスだ。2023年に入ってからの彼女は初のEP「Like..?」からの〝Princess Diana〟を筆頭に（コラボ曲中心ながら）実に4曲ものシングルを全米チャートのトップテン圏内に送り込む活躍ぶり。そのクロスオーヴァーした人気のほどは「MTV Video Music Awards」と「BET Hip-Hop Awards」で共に新人賞を受賞していることに明らかだろう。

アイス・スパイスが一連のヒットシングルで採用しているビートは基本的にニューヨーク・ドリル、もしくはジャージー・クラブだが、彼女の台頭はトラップで新味を出すのが難しくなっている状況下で音楽的に新しい選択肢を提示したこととも無縁ではないと考えている。そういえば、ラップ・アルバムとして2023年最初の全米チャート1位を獲得したリル・ウージー・ヴァートの『Pink Tape』にしても、アルバムに向けてのブースターになったのはジャージー・クラブを取り入れた〝Just Wanna Rock〟だった。

ウージーの『Pink Tape』はBABYMET

選・文：高橋芳朗
selected & written by Yoshiaki Takahashi

ALやブリング・ミー・ザ・ホライズンとのコラボを含む音楽的冒険心に富んだ内容だったが、この流れで連想するのがリル・ヨッティの意欲作『Let's Start Here』だ。本人が事前に「ノンラップ・アルバム」と予告していた通り、ここで彼が打ち出してきたのはテーム・インパラとの共演の影響をうかがわせるサイケデリック・ロックやオルタナティヴR&B。これにザ・ルーツのクエストラヴが自身のInstagramで「こうした限界に挑むような作品を聴くと音楽の未来に興奮する」と絶賛していたのが印象的だった。

　2023年最大の注目作だったトラヴィス・スコット『UTOPIA』もブラジリアン・ファンクやハウス・ミュージックなどをミックスした曲を優先的にシングルに選んでいたが、こうして見ていくと現行のUSヒップホップは音楽的自由度の高い傾向に向かっているようにも受け取れる。それは裏を返せば決定的なトレンドの不在を意味しているのかもしれないが、そんななかで日本のCMやアニソンなどを含む破天荒なサンプリング・センスが話題を集めたJPEGMAFIAとダニー・ブラウンのコラボ作『Scaring the Hoes』がメディアとリスナーの双方から高く評価されていたのは興味深い。

　レジェンドのNasが売れっ子のヒット・ボーイのサポートのもと3年で6作ものアルバムを作ってしまうような状況も、ここ数年でシーンに醸成された「自由さ」の表れなのでは、とするのは少々強引だろうか。そんなことを考えていると、ミーガン・ジー・スタリオンのニュー・シングル〝Cobra〟が公開になっていた。

　ミーガンは冒頭で触れた「The Future of Rap Is Female」のような記事が組まれる土壌を築き上げた立役者だが、最近のシングルでアトランタ・ベースやヒップ・ハウスに取り組んでいた彼女の新曲はリターン・トゥ・フォーエヴァー〝After Cosmic Rain (Live)〟を大胆にサンプリングした独自路線。12月にはニッキー・ミナージュの5年ぶりの新作『Pink Friday 2』も控えているなか、2024年も引き続き「彼女たち」がシーンをおもしろくしてくれそうな予感が早くも高まっている。

10 best US Hip Hop works in 2023

01. Ice Spice - Like..? - 10K Projects / Capitol / Dolo
02. Noname - Sundial - self-released / AWAL
03. JPEGMAFIA & Danny Brown - Scaring The Hoes - self-released / AWAL
04. Killer Mike - MICHAEL - VLNS / Loma Vista
05. Travis Scott - UTOPIA - Cactus Jack / Epic
06. Nas - Magic 3 - Mass Appeal
07. Aminé & KAYTRANADA - KAYTRAMINÉ - CLBN / Kaytranada / Venice
08. Earl Sweatshirt & The Alchemist - VOIR DIRE - Tan Cressida / ALC / Gala / Warner
09. Lil Uzi Vert - Pink Tape - Generation Now / Atlantic
10. Lil Yachty - Let's Start Here. - Quality Control / Motown

いまWatsonがかつてのKOHHのように影響を与える存在になっている

いまのヒップホップ・シーンを、アルバムという形態だけで俯瞰するのは難しい。もう少し細かい目盛りで楽曲単位を見た際に、2023年に最も支持を集めた曲としてはBonbero、LANA、Watson、MFSの〝Makuhari〟や、Ralph、JUMADIBA、Watsonの〝Get Back〟、kZm、JUMADIBAの〝DOSHABURI〟などを挙げられるだろう。個人的には、そのリストにWatsonの〝MJ Freestyle〟とDADAの〝Satsutaba feat. Watson〟を追加したい。つまるところ、2023年もWatsonの年だったということだ。昨年の本ベストでは1位に『FR FR』をセレクトしたが、その後も圧倒的な勢いで彼がシーンを制している。

そして、かつてのKOHH同様、Watsonに影響を受けた若手ラッパーが次々と現れる中で、まずはその中でも頭ひとつ、ふたつ抜きんでたラップを繰り出したのが18stopだったことを記しておきたい。本人がリリックでもネームドロップしている通り、スタッカート気味の弾むような発音、ぎゅうぎゅうに詰まった言葉の密度、喜劇と悲劇のぎりぎりを綱渡りするようなバランス感覚は、Watsonインスパイアの一派として位置づけられる。けれども、空いたピースにバチバチと言葉をハメていくような快感を生むWatsonと比べ、18stopはより性急なラップで走り抜ける点が興味深い。細部のライミングやビートの粗さを感じなくはないが、そのチープさも含めて魅力になっている。

18stopに限らず、そもそもジャージークラブ／ドリルのビートがトレンドになったことで、シーン全体としてラップのテンポが速まっている印象がある。多くのヴァイラル・ヒットを生み出したLANAに象徴的だったが、他にもAJAH『SI』はじめ、様々なダンス・ミュージックやクラブ・サウンドの導入によるビートの拡散がさらにエスカレート。特に、アンビエントからハウスまで多彩なサウンドを日本語ラップと接続することに成功したなのるなもない×YAMAAN『水月』はオーガニックな魅力が漂っている。また、audiot909のアマピアノ集『JAPANESE AMAPIANO』は、ダンサブルなラップ作品という観点でヒップホップの文脈で捉えても意義深かった。他にも、OWLBEATS『BAN-ZOK-HEADS』、Naked Under Leather& 没 a.k.a NGS

選・文：つやちゃん
selected & written by Tsuyachan

『Revolver』、Q/N/K『21世紀の火星』といった作品のトラックも面白く、もちろんその線ではゆるふわギャング『Journey』とOKBOY&Dogwoods『SP△C3 C△MP』の二枚も外せない。

　国内ラップ・ミュージックの可能性という点では、nyamuraやLilniinaなど、オルタナティヴなラップ・シーン周辺からついにヒットが生まれたのが感慨深かった一方で、界隈においてEPやアルバムといったまとまった作品のリリースも増えているのが嬉しい。Peterparker69やlazydoll、さらにSATOHやrirugiliyangugiliといった面々がフレッシュなサウンドを鳴らしたが、中でもlil soft tennisの瑞々しさが最もリアルに響いた。JUMADIBAの『nobori・上り』と並び、王道とオルタナティヴを繋ぐ架け橋としてのポジションとも言えるこの二枚は、2023年における広大なラップ・シーンの景色を見通す際に目印となる作品だ。

　また、Awichはじめ、女性ラッパーによるセクシュアルなリリック描写の多様化が起きたのも2023年の傾向のように思う。ヴァラエティ豊富なビートのもと多彩なラッパーが連帯することで女性の身体を性的に捉え直した『United Queens』が大きな問題提起となったが、他にはTomiko Wasabi『黒いお姉さん』とHenny K『〝K〟』がすばらしかった。どの作品もセックスと資本主義をテーマにしたうえで、『United Queens』は乗り物、『黒いお姉さん』は異性、『〝K〟』は酒という、それぞれヒップホップと密接に関わる事柄を媒介に描いている。Elle Teresaも同様で、さらに彼女の場合は特異なラップが別格の域に達してきた。

　その中で、中堅〜ベテランの活躍も目を離せなかった。OZROSAURUS、剣桃太郎、Hailiro De Rossiらの作品はどれも目を見張る内容だったが、法やルールが世の中の変化に対応しきれなくなっている現実を、迫真の演技でリアル＆コンセプチュアルに描き切ったNORIKIYOをベストとして称えたい。

10 best Japanese Rap works in 2023

01. NORIKIYO - 犯行声明 - YUKICHI RECORDS
02. 18stop - 2nd step - self-released
03. Elle Teresa - KAWAII BUBBLY LOVELY Ⅲ - self-released
04. guca owl - ROBIN HOOD STREET - WILD SIDE ENTERTAINMENT / Mary Joy
05. Candee - Candemic - Self Made
06. lil soft tennis - i have a wing - self-released
07. Meta Flower - The Priest - self-released
08. OZROSAURUS - NOT LEGEND - All My Homies
09. なのるなもない×YAMAAN - 水月 - studio melhentrips
10. AJAH - SI - self-released

混沌から新たな秩序が見え隠れしてきた

　パンデミックでイレギュラーな参入が増加したアンビエントも少し落ち着きを見せ、混沌から新たな秩序が見え隠れしてきた。いい意味で顔ぶれが刷新され、実力のあるものが残ったことで全体の水準も高まり、多彩で変化に富んだラインナップを形成。フレッド・アゲイン..とブライアン・イーノのコラボレーションはその象徴といえ、フレッド・アゲイン..になじんでいたリスナーにとっては感情だけを取り出したようなミックスに、そうでない人にはイーノの"The Big Ship"をジェイムス・ブレイクやベリアルがカヴァーしたような温故知新に聞こえたのではないだろうか。元々、イーノのスタジオで働いていた前者はUKドリルに深くコミットすることで自身の音楽性を確立し、これを後者にフィードバックすることでウエイトレスに新たな地平を切り開く展開が得られたといえる。イーノがダンス・ミュージックに対する勘を失っていないことも素晴らしく、フォー・テットのレーベルからリリースされたのもいい。同じくダンス・ミュージックからのリフォームではダブ・テクノのフィークやリー・ギャンブル、ジャズを取り入れたJ・アルバートもセンスを感じさせた。

　ローレル・ヘイローは想像以上の飛躍。生存の厳しさを表現したスティーヴン・オモリー『Gruidés』と手法は同じながら、与える印象はもっと複雑。アカデミズムを支配するマッチョイズムにニューエイジを導入することで対抗したビン&ラスとは異なり、『Atlas』はあくまでも音程の違いだけで『Gruidés』の強迫観念を中和させ、優しさも強さも兼ね備えたオーケストラ・ドローンに仕上げている。ディーン・ハーリーや昨年のモア・イーズといった後期ロマン主義から印象派への移行を想起させる流れであり、この流れにはカルロス・チパも少しは尽力している。また、グリッチを離れたテイラー・デュプリーが00年代エレクトロニカのフォーマットを完成させたクラシック『Northern』をルミニアーズの打楽器奏者が生

選・文：三田格
selected & written by Itaru W. Mita

演奏で再構築したリダックス・ヴァージョンも似た雰囲気を持っていたことはささやかな驚き。『Atlas』といい、『Northern (Redux)』といい、坂本龍一の耳にはやはり届かなかったのだろうか。アルヴァ・ノト『This Stolen Country of Mine』は作風がいつもと異なり、坂本龍一が少しのりうつった?

ローレンス・イングリッシュとリー・ベルトゥッチによる『Chthonic』は楽器の演奏にフィールド録音を足すのではなく、ヴァルネ・ウィラン『オート・ジャズ』よろしくフィールド録音に楽器の演奏を混ぜ、どちらの領域にも属さないサウンド・アートにまとめている。荒ぶる自然を模したところはやはり現代をストレートに表現していて、アンビエント・ミュージックに「自然=癒し」という思い込みがあるリスナーは弾き飛ばされることだろう。ちなみに「気候変動」なのか「異常気象」なのかという論争は後者を支持する科学者が多く、僕も情緒的にはならないつもりだったけれど、北極圏の氷が溶けて塩分濃度が薄まったことで大西洋の海流が遅くなり、それに連れて水温も上昇し、2050年には完全に止まってしまうかもしれないという数字が出たことで、やはり「気候変動」と考えるべきではないかと思うようになった。ローレル・ヘイローがアルバムの最後に置いた「地球に縛りつけられている(Earthbound)」というタイトルは深刻な問題意識を反映し(この曲だけ重い)、世界を肩で支えるという罰を課されたプロメテウスの兄弟「アトラス」をヘイローがタイトルにし、同じく地下を支配する神「クトニオス」をローレンス・イングリッシュがタイトルにするという呼応は2023年ならではかも。

10 best Ambient works in 2023

01. Laurel Halo - Atlas - Awe
02. Romance & Dean Hurley - River Of Dreams - Ecstatic
03. Jim O'Rourke - Hands That Bind (Original Motion Picture Soundtrack) - Drag City
04. Fred again.. & Brian Eno - Secret Life - Text
05. J. Albert Meets Will August Park - Flat Earth - 29 Speedway
06. Lea Bertucci + Lawrence English - Chthonic - American Dreams
07. Corrado Saija - Circkel - Silverdrop
08. Niecy Blues - Exit Simulation - Kranky
09. Jeremiah Fraites & Taylor Deupree - Northern (Redux) - Mercury KX
10. Lord Of The Magi - Soul Exchange - Tartelet

my 10 favourite works of 2023

2023年わたしのお気に入りベスト10

ライター／ミュージシャン／DJなど計17組が選ぶ、2023年のお気に入り10作品を紹介

天野龍太郎 Ryutaro Amano
編集者／ライター

8月以降、絶不調でやばいっす。Khaki、downt、kurayamisakaとか国内の若いバンドに出会えてよかった。ライヴ、国内外のアニメーション、演劇、ダンスを見てた一年。原稿書くためにめっちゃ聴いてたのはミスチルと長谷川白紙。テイラー・スウィフトの映画にはやられました。読んでよかった本は『Last Night a DJ Saved My Life』（乞復刊）。戦争反対。来年こそ健やかに！

天野龍太郎 Ryutaro Amano
編集者／ライター

01. cero
e o
カクバリズム

02. Prizes Roses Rosa
Burned Car Highway Light Volcanic
self-released

03. Carly Rae Jepsen
The Loveliest Time
604 / School Boy / Interscope

04. Lamp
一夜のペーソス
Botanical House

05. Kali Malone (featuring Stephen O'Malley & Lucy Railton)
Does Spring Hide Its Joy
Ideologic Organ

06. MON/KU
MOMOKO blooms in 1.26D
i75xsc3e

07. audiot909
JAPANESE AMAPIANO THE ALBUM
Japanese Amapiano Recordings

08. フリーダム昼子（freedomhillko）
which era are you from?（何時代？）
self-released

09. Swami Sound
Back In The Day
self-released

10. Popstar Benny
University!
True Panther

小川充 Mitsuru Ogawa
ライター

ブラジリアン・ジャズのカイシャ・クーボ、詩人のアジャ・モネほか、N・コンテ、DJカラブ、T・マーティン、A・ヘンリーと、ジャズ・ベストの候補でも迷う作品が多かった。ジャズやソウル・シンガーの良作も多く、ゴスペルを感じさせるSSWのイゾ・フィッツロイほか、モンゴル出身のウラン、仏領マルティニーク出身のK・ティジャン、フレンチ・カリビアンのA・オアシスと、いろいろな国の音楽要素を内包した多様性を感じさせる。

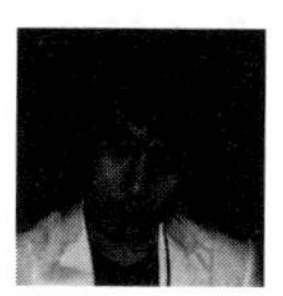
小川充 Mitsuru Ogawa
ライター

147_2

01. Enji
Ulaan
Squama / インパートメント

02. aja monet
when the poems do what they do
drink sum wtr

03. Nicola Conte
Umoja
Far Out / MUSIC 4 YOUR LEGS

04. Ashley Henry
My Voice
Royal Raw

05. Caixa Cubo
Agôra
Jazz & Milk

06. Kris Tidjan
Small Axes
BBE

07. Terrace Martin
Fine Tune
Sounds Of Crenshaw

08. Khalab
Layers
Hyperjazz

09. Adi Oasis
Lotus Glow
Unity

10. Izo FitzRoy
A Good Woman
Jalapeno

荏開津広 Hiroshi Egaitsu
DJ ／大学講師

ジャンル音楽を縦断する光景において完成度という基準が実際には紛い物でしかないとして、或るサウンドがアートと宣告されるならばアートと化すか。そうであるわけがないという仮定への、ストリート、リアル、身体性という幾つかの軸を連帯せんとする優れた問いかけを選んだが、ありもしない／曖昧な巧拙にまつわる幼稚なレトリックを規範の如く振り回してのストリートを判断する向きへの否認でもある。ほんと、お前が頑張れよ。

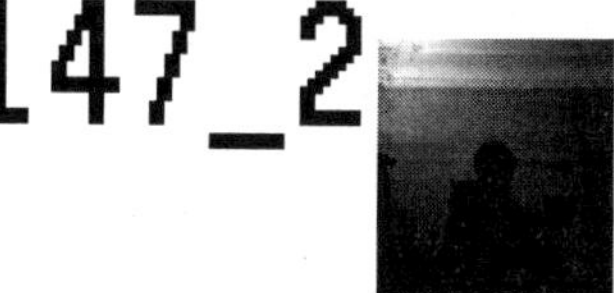
荏開津広 Hiroshi Egaitsu
DJ ／大学講師

147_1

01. J.A.K.A.M.
Fragments
NXS / CROSSPOINT

02. Ahl Nana
L'Orchestre National Mauritanien
Radio Martiko

03. Meta Flower
The Priest
Meta Flower

04. JPEGMAFIA & Danny Brown
Scaring The Hoes
AWAL / Peggy

05. 角矢胡桃
Surga rata-rata
Gerpfast

06. MD Pallavi & Andi Otto
Songs for Broken Ships
Pingipung

07. aja monet
when the poems do what they do
drink sum wtr

08. Say She She
Silver
Karma Chief / Pヴァイン

09. 妖艶金魚
TOKYO OF NIPPON
妖艶金魚 / ULTRA-VYBE, INC

10. Byron Messia
No Love
Zetkk

147_2 147_1

Casanova. S
ライター

僕はインディのギター・バンドをメインに聞いているのですが、ここ数年で一気にジャンルの壁を超えてなんて言葉がそぐわなくなるくらいの要素を持っていたり、違った側面を見せるのが当たり前になったような気がしています。混ざっているのが普通でその中でそれぞれの核になっているものがにじみ出ているような。全体の流れとしての傾向がありつつアプローチの仕方が全然違って、それがとても面白くそしてドキドキさせてくれました。

148_2

Casanova. S
ライター

01. bar italia
The Twits
Matador / ビート

02. Ethan P. Flynn
Abandon All Hope
Young / ビート

03. HMLTD
The Worm
Lucky Number

04. Sword II
Spirit World Tour
Teen Metal Soundboard

05. Sprain
The Lamb as Effigy or Three Hundred and Fifty XOXOXOS for a Spark Union with My Darling Divine
The Flenser

06. Robbie & Mona
Tusky
Spinny Nights

07. jonatan leandoer96
Sugar World
YEAR0001

08. Pardans
Peak Happiness
self-released

09. The Drin
Today My Friend You Drunk The Venom
Drunken Sailor

10. Hotel Lux
Hands Across the Creek
The state51 Conspiracy

小山田米呂 Milo Oyamada
ミュージシャン

ディーン・ブラント周りが豊作で、10枚に入り切らなかったものも耳新しい音楽ばかりで楽しかったです。トロイ・シヴァンやキャロライン・ポラチェックなどポップスにも新しい風が吹いたような一年でした。今年は大好きなミュージシャンがたくさん亡くなった年でもありました。寂しいですが、去った人たちの意志を紡ぐ素晴らしい音楽がこれからたくさん出ることでしょう。

148_1

小山田米呂 Milo Oyamada
ミュージシャン

01. bar italia
Tracey Denim
Matador / ビート

02. 坂本龍一
12
commmons

03. Caroline Polachek
Desire, I Want To Turn Into You
Perpetual Novice

04. ANOHNI and the Johnsons
My Back Was A Bridge For You To Cross
Rough Trade / ビート

05. Tirzah
trip9love...???
Domino

06. Laurel Halo
Atlas
Awe

07. This Is The Glasshouse
As Small As Ants
Funny Orange

08. Hayden Pedigo
The Happiest Times I Ever Ignored
Mexican Summer

09. Water From Your Eye
Everyone's Crushed
Matador

10. Sam Wilkes
DRIVING
self-released / astrollage

148_2 148_1

木津毅 Tsuyoshi Kizu
ライター

一番聴いていたのはザック・ブライアンかもしれない。海軍出身のブライアンはいま、退役軍人のひとりとして情熱的なカントリー・ロック・ソングを歌って新世代のスプリングスティーンと呼ばれている。毎日のように荒れた世界について見聞きするのは苦しいけれど、日本で暮らしているだけでは知りようがない感情を音楽で味わいたいという気持ちは変わらない。ロレイン（L'Rain）はじめ、個人の内面のドラマにより心を動かされた年だった。

149_2

木津毅 Tsuyoshi Kizu
ライター

01. L'Rain
I Killed Your Dog
Mexican Summer

02. Kara Jackson
Why Does The Earth Give Us People To Love?
September

03. Tirzah
trip9love...???
Domino

04. Zach Bryan
Zach Bryan
Warner

05. Water From Your Eyes
Everyone's Crushed
Matador

06. Wednesday
Rat Saw God
Dead Oceans / ビッグ・ナッシング

07. Lost Girls
Selvutsletter
Smalltown Supersound

08. Tim Hecker
No Highs
Kranky

09. Bonnie “Prince” Billy
Keeping Secrets Will Destroy You
Drag City

10. Romy
Mid Air
Young / ビート

河村祐介 Yusuke Kawamura
OTOTOY編集長／ライターなども

ホーリー・タン、さらにはド渋ディープ・テクノ路線へと突き進む自身の名義のアルバムとレーベル〈Trule〉といい、アル・ウォートンの動きが非常によかった。プラスティックマンのファーストを、そのままアンビエント・テクノに（まんま）してしまったアシッド・ドローンズにアイディア賞あげたい。

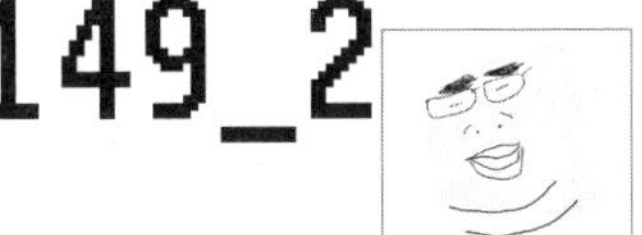

149_1

河村祐介 Yusuke Kawamura
OTOTOY編集長／ライターなども

01. Speaker Music
Techxodus
Planet Mu

02. Al Wootton
We Have Come To Banish The Dark
Trule

03. Om Unit + TM404
In The Afterworld
Acid Test

04. Holy Tongue
Deliverance And Spiritual Warfare
Amidah

05. Azu Tiwaline
The Fifth Dream
IOT

06. Anthony Naples
Orbs
ANS

07. Terrence Dixon
Edge Of The Visible Universe
self-released

08. Koshiro Hino
GEIST II
NAKID

09. Acid Drones
Acid Drones
Offen Music

10. Froid Dub
Deep Blue Bass
DELODIO

149_2 149_1

つやちゃん Tsuyachan
文筆家／ライター

国内ヒップホップの頁で触れた作品は外してセレクト。トップは、クィア・ヘヴィ・ミュージックを更新したリタジーに。オリヴィア・ロドリゴもオーヴァーモノも、出来すぎていて選出するのがやや悔しいくらい。今年はアフリカ勢がますます面白く、ナイジェリアのレディ・ドンリはじめ様々没頭した。他にも仏のクリスティーン〜や韓のyoura、日のNTsKiなど、脱・英米中心が加速。アルバムではないため外したが、EPもトゥー・シェルやエミリア・アリ、XG、アイス・スパイスなど、豊作だらけだった。ベスト・ライヴは、Forestlimitで観たHyd！

つやちゃん Tsuyachan
文筆家／ライター

150_2

01.	Liturgy 93696 Thrill Jockey / Daymare	
02.	Olivia Rodrigo GUTS Geffen / ユニバーサル	
03.	Overmono Good Lies XL / ビート	
04.	Christine and the Queens Paranoïa, Angels, True Love Because	
05.	Lady Donli Pan African Rockstar Bad Moon	
06.	Kali Uchis Red Moon In Venus Geffen	
07.	IVE I've IVE Starship / Kakao / Columbia	
08.	youra (1) self-released	
09.	Genevieve Artadi Forever Forever Brainfeeder	
10.	NTsKi Calla EM Records	

柴崎祐二 Yuji Shibasaki
音楽ディレクター／評論家

今年の前半は、ポップ・ミュージックにおいて「過去が新しくなる」という現象＝リヴァイヴァルについての本の執筆に集中していたこともあって、いよいよ新譜／旧譜という区別をもって音楽を聴くというあり方から離れていく一方でした。しかし、そうやって、「新しさ」のイデオロギーから身を引き剥がしてみると、不思議なことに、自分にとって本当に生き生きしたもの（おそらく「新しい」とは違うなにか）がクリアに見えてきたのでした。そんな気持ちにさせてくれた10作品です。

柴崎祐二 Yuji Shibasaki
音楽ディレクター／評論家

150_1

01.	Salamanda In Parallel Wisdom Teeth	
02.	MON/KU MOMOKO blooms in 1.26D i75xsc3e	
03.	Cornelius 夢中夢 -Dream In Dream- ワーナー	
04.	cero e o カクバリズム	
05.	Actress LXXXVIII Ninja Tune	
06.	Everything But The Girl Fuse Buzzin' Fly / Virgin	
07.	Blue Lake Sun Arcs Tonal Union	
08.	Laurel Halo Atlas Awe	
09.	Arlo Parks My Soft Machine Transgressive	
10.	Fabiano do Nascimento Das Nuvens Leaving / PLANCHA	

150_2 150_1

ジェイムズ・ハッドフィールド James Hadfield
The Japan Times ／ The Wire

2023年はリスニングについて考えることに多くの時間を費やした。こちらの注意をひこうとする新しい音楽があまりに多すぎるとき、気を散らさずにいるにはどうすればいいだろう？　わたしがもっとも聴き返したアルバムのいくつかが現在の瞬間の外側に存在しているように思えたのは、それが理由かもしれない。それらのアルバムは独自の時間感覚を生み出していた。

151_2

ジェイムズ・ハッドフィールド James Hadfield
The Japan Times ／ The Wire

01. Nondi_
Flood City Trax
Planet Mu

02. billy woods & Kenny Segal
Maps
BackwoodzStudioz

03. The Necks
Travel
Northern Spy

04. Carl Stone
Electronic Music from 1972-2022
Unseen Worlds

05. Tujiko Noriko
Crépuscule I & II
Editions Mego / インパートメント

06. PJ Harvey
I Inside the Old Year Dying
Partisan / ビッグ・ナッシング

07. Laurel Halo
Atlas
Awe

08. Rian Treanor & Ocen James
Saccades
Nyege Nyege Tapes

09. Eiko Ishibashi / Jim O'Rourke
Lifetime of a Flower
Week-End

10. Lucy Liyou
Dog Dreams（개꿈）
American Dreams

デンシノオト Denshinooto
ライター

ボジーニ弦楽四重奏団（Quatuor Bozzini）が演奏するドローンを聴き続けた年だった。ラディーグの演奏がとにかく素晴らしい。アンビエントな響きと現代音楽の交錯。彼らが参加したサラ・ダヴァチーのアルバムも実に美しい弦楽ドローン。新しい才能ではシャンタル・ミッチェルが印象に残った。優雅なコラージュ。ベン・フロストの年でもあった。最新作のフィールド・レコーディング作品は驚異的なダーク・アンビエント。

151_1

デンシノオト Denshinooto
ライター

01. Quatuor Bozzini, Éliane Radigue
Éliane Radigue : Occam Delta XV
qb

02. Sarah Davachi
Long Gradus
Late

03. Kali Malone (featuring Stephen O'Malley & Lucy Railton)
Does Spring Hide Its Joy
Ideologic Organ

04. Laurel Halo
Atlas
Awe

05. Ben Frost & Francesco Fabris
Meradalir
Room40

06. Deathprod
Compositions
Smalltown Supersound

07. 坂本龍一
12
commmons

08. Alva Noto
Kinder der Sonne (From "Komplizen")
noton

09. Blanket Swimming
Cloudlands
Open Colour Imprint

10. Chantal Michelle
66 Rue L
Warm Winters

151_2 151_1

Mars89
DJ ／ Musician

2023年は曲の作り方や機材を変えたり、ハードウェアでのライヴ・セットを始めたりと、新たに向き合うものが多くなった結果、音楽の聴き方も変わりました。ベストで選んだ作品の中にはその過程でフォーカスして聴いた作品と、逆に純粋にリスニングとして聴いた作品が入り混じっていて、順位をつけるのが難しいので、前半が前者、後半が後者になるようにグラデーションをソートしてみました。

Mars89
DJ ／ Musician

01. UNITY VEGA
Two Sword
self-released

02. Sockethead
Drenched Worlds Fall Apart
YOUTH

03. Fred Mann
In Thy Domain
Counterchange

04. Azu Tiwaline
The Fifth Dream
I.O.T

05. Saint Abdullah & Eomac
Chasing Stateless
Planet Mu

06. Hysteria Temple Foundation
Alkadian
hysteriatemplefoundation

07. BIPED
Large Fruit Still Uneaten
TBC Editions

08. Shackleton
The Scandal of Time
Woe To The Septic Heart!

09. Laurel Halo
Atlas
Awe

10. Kelela
Raven
Warp / ビート

二木信 Shin Futatsugi
ライター

私が日頃ジャーナリスティックに向き合う日本のヒップホップは、1年を通して多くを書き、他のメディアで2023年や近年の総括をする機会があるので除外。私の手に負えない独善から「ヒップホップ・ジャパン」の未来に求めるものを有する「グッド・ミュージック」が選ばれたとも言える。この10作品にはなかなか得難い、快楽、恍惚、叡智、悦び、官能、アナーキー、解放感、自由、癒し、反資本主義、社会主義などが含まれる。

152_1

二木信 Shin Futatsugi
ライター

01. Killer Mike
MICHAEL
Loma Vista

02. Jessie Ware
That! Feels Good!
EMI

03. billy woods & Kenny Segal
Maps
BackwoodzStudioz

04. MIKE
Burning Desire
10k

05. Noname
Sundial
self-released

06. Janelle Monáe
The Age of Pleasure
Wondaland / Bad Boy / Atlantic

07. Cleo Sol
Gold
Forever Living Originals

08. B. Cool-Aid
Leather BLVD
Lex

09. Kari Faux
Real B*tches Don't Die!
drink sum wtr

10. Nourished By Time
Erotic Probiotic 2
Scenic Route

152_2 152_1

松島広人 NordOst
DJ ／ライター

DJを頑張った年でした。出演した100近い現場で日夜、あまりに若く、あまりに天才的な人びとと接する機会に恵まれました。となると国産リリースばかりに目が行くのは必然的で。私的なムードとしてはグリッチ／脱構築趣味はそのままに、エレクトロニカや（生感のない）ギター、クラウド・ラップやダウン・テンポなどに心惹かれた年でした。ハイパーという商業的惹句に蹂躙されたインディのさらなる進化を夢みて、来年もふぁいと。

153_2

松島広人 NordOst
DJ ／ライター

01. lilbesh ramko
終末collection
self-released

02. world's end girlfriend
Resistance & The Blessing
Virgin Babylon

03. Peterparker69
deadpool
CHAVURL

04. Loraine James
Gentle Confrontation
Hyperdub / ビート

05. MON/KU
MOMOKO blooms in 1.26D
i75xsc3e

06. Evian Christ
Revanchist
Warp

07. illequal
fragment
Maltine

08. yeule
softscars
Ninja Tune

09. afmusic
You are not rockstar, I'm not rockstar
self-released

10. BBBBBBB
Positive Violence
Deathbomb Arc

イアン・F・マーティン Ian F. Martin
Call & Response Records

ヴァイナル価格の高騰は2023年のわたしのレコード購入に打撃を与えたけれど、ポスト・パンクおよび90年代オルタナティヴの長きにわたる影響が自分のリスニングにはもっとも強く残りつづけている。ブリーダーズのニュー・アルバムが出ないなか、R・リングとしてのケリー・ディールの新作はとりわけ予想外の喜びだった。一方、東京のバンド、Schedarsはその素晴らしいデビューでもってわたしを驚かせてくれた。

153_1

イアン・F・マーティン Ian F. Martin
Call & Response Records

01. Yo La Tengo
This Stupid World
Matador / ビート

02. The Tubs
Dead Meat
Trouble In Mind

03. R. Ring
War Poems, We Rested
Don Giovanni

04. Mandy, Indiana
I've Seen a Way
Fire Talk

05. Squid
O Monolith
Warp / ビート

06. Stuck
Freak Frequency
Born Yesterday

07. Guided By Voices
Welshpool Frillies
Guided by Voices, Inc.

08. Patio
Collection
Fire Talk

09. Schedars
Schedars
self-released

10. Brother of Monday
Brother of Monday
5619419

153_2 153_1

yukinoise
ライター

大体の物事は3年周期で変わっていくと昔から信じている。時代のサイクルもしかりで、怒涛の20年代初頭から始まったノリにも近しいあれこれのムードも結局はポップに回収されるというかたちで飽和していったが、そんな本年もアンダーグラウンドでは各々が次なるフェーズを見据えたリリースがとにかく豊作。KAVARIが示すグラスゴーの盛り上がりや日本産アマピアノの登場などをはじめ、ようやくホットな流れの機運が……！

154_2

yukinoise
ライター

01. KAVARI
Against The Wood, Opposed To Flesh
mould poisoning

02. audiot909
JAPANESE AMAPIANO THE ALBUM
Japanese Amapiano Recordings

03. Overmono
Good Lies
XL / ビート

04. Yaeji
With A Hammer
XL / ビート

05. maya ongaku
Approach to Anima
Bayon Prodaction / Guruguru Brain

06. なのるなもない × YAMAAN
水月
studio melhentrips

07. MON/KU
MOMOKO blooms in 1.26D
i75xsc3e

08. Toiret Status
He
Orange Milk

09. Loraine James
Gentle Confrontation
Hyperdub / ビート

10. safmusic
You are not rockstar, I'm not rockstar
self-released

三田格 Itaru W. Mita
ライター／編集

ほかにユッシュ "Kara Arriba"、ブルートゥーフ "Inverted"、Never Young Beach "毎日幸せさ"、マシュー・ハーバート "The Rider"、デッドビート "With Grand ～"、カーディ・B "Bongos"、オダリー "Danse des ～"、ソフィア・コルテシス "Cecilia"、キャリアー "Trooper"、デヴィッド・ホームズ "Agitprop 13"、イザベル・アジャーニ "Il manque ～" など。

154_1

三田格 Itaru W. Mita
ライター／編集

01. Alan Johnson
Ten Year Tonnage
Sneaker Social Club

02. Laurel Halo
Atlas
Awe

03. MC Yallah
Yallah Beibe
Hakuna Kulala

04. Artur M Puga
weirdbloom
Arkestra Discos Holland

05. Cristian Vogel
Fase Montuno
Mille Plateaux

06. MemoTone
How Was Your Life
Impatience

07. Speaker Music
Techxodus
Planet Mu

08. MonoNeon
Jelly Belly Dirty Somebody
Diggers Factory

09. Pépe
Reclaim
Lapsus

10. Hihats In Trees
Artefacts
Maloca

154_2 154_1

第3回　新しいシーンは若い世代が作るもの

水谷　歴史は繰り返すじゃないですが、ＣＤがそろそろくるんじゃないかという声が聞こえ始めて早数年。いよいよですかね？

山崎　各社、レコードに続き中古ＣＤにも力を入れていく話も聞いてます。頑張って欲しいですね。

水谷　先日も日本のタワーレコードの元社長のキース・カフーンと話してて、彼はいまアメリカに戻ってますが、向こうは既にアナログ人気が落ち着いて、ＣＤが若者に人気だそうで。

山崎　でもまだレコードはやっぱり高いですよ。それに比べて中古ＣＤは異常に安い。アルバムが３００円とかだから、いま若い人がそっちに流れるのは当然ですね。僕らも20代のときは５００円とかの中古レコード買ってましたけど、いまでは５００円では滅多にいいものは買えないですから。

水谷　ＣＤは価値が低くて買取価格にも値段がつかないから市場に出ても安い。実際、レーベルをやっている側として皆が一気にサブスクに走った10年代はホントにＣＤ売るのが厳しくて。だから、その時期のＣＤって極端にプレス数が少ないので、そういうのはレア盤として今後高額になるかもしれません。

山崎　ところでele-kingのサイトでページを持つことになりました。まずはレコード盤のオークション情報とリイシュー情報、コラムのページから始めていきます。

水谷　VGAはレコードをもっと盛り上げようというコンセプトなので、よりその感覚に直結したページになりそうですね。

山崎　サイトを作るにあたってオークション落札情報を追いかけたのですが、やっぱりいまだに中古盤はめちゃくちゃ高い。こないだまで3000円くらいで売っていたものが1万円超えているっていうのが当たり前の世界になってます。

水谷　僕らが20代にレアグルーヴとして追いかけていたような70年代ジャズやソウルも異常に高くなっていますが、どういう世代が買っているのでしょう?

山崎　お金持ちになったおじさんが大人買いをしているのか、それともまた若い世代が買っているのかは見えてこないですね。

水谷　いい形で世代交代しているといいのですが。音楽シーンは世代交代をどんどんしていかなければならないと思います。アンビエントはどうですか？　アンビエント・ブームは若い人が牽引しているイメージですが。

山崎　だんだん良い悪いの取捨選択がみんなできるようになって、中古市場も値段が一時は上がったけれど、無闇な高騰とかはなく落ち着いてきているのではないでしょうか。

水谷　どういうアンビエントが好まれているのかわからないですが、難しいものもあるじゃないですか。フリー・ジャズやピカソの絵と一緒でそういうのを無理やりファッションで聴いているような感じではないといいですが。

山崎　昔、若い人からアニメ・ソングのアンビエント曲を勧められたとき僕には稚拙に聞こえたことがあったんです。なんだかゲーム音楽にしか聞こえなくて、もっとライヒとかイーノとか、サティとかを聴きなよって思ってしまって。吉村弘とか久石譲とかはもちろんわかるんですけど。

でもその曲は若い人には人気がありました。ルーツがないってこういうことかと思いましたね。既成概念が良い意味でないというか。

水谷　確かにいまの若者に稚拙さを感じてしまうことはありますね。先日、たまたま93年だかのコンピレーションを聴く機会があって、MUROさんやUFOなどが参加していて、みんな当時は若いんですが、音楽が相当成熟して洒落ててかっこいい。なかでも竹村延和さんは20代そこそこのはずですが、ものすごく大人びていて。

山崎　昔の人は大人な感じがカッコ良かったですよね。大人がアニメ好きなんて絶対に言えるような時代じゃなかった。他人の目が怖くて。でも、僕らより上の世代も僕らを稚拙に見ていたと思うんです。僕らの時代も20歳超えて『ジャンプ』読んでる人たくさんいましたから。

水谷　そうですね。僕らの10～20代の頃の50代は、いまの僕らのような服装をしていなかった。自分の祖父は休みの日でもシャツをインしてベルトしめて、ロープタイまでしてキチッとした格好をしてました。

山崎　戦後を境に、どんどん稚拙になっているんですかね。寿命も関係しているのかな。

水谷　スウェットなんて着ていなかったですね。

山崎　でもそのおじいさんは20代の頃と変わっていないんじゃないでしょうか。20代からロープタイしていてそのときにそれがお洒落だと植え付けられたまま、老化していく。で、次の世代は大人の真似をしたくないから、より自由な方向に流れていく。若者は年寄りのいない方へ自然とシフトしていきますからね。大人になりたくないっていうのが若者の心理ですから。でも身体は老化していくので、そのままおじさんになっていきます。

水谷　なるほど。新しいものを作ろうと思うと稚拙な方向に向かうしかないというのは一理あるかもしれません。でも繰り返しもありますよね。世代を跨いで、また若い人に受け入れられていくような文化もあるので。レコード・リヴァイヴァルなんてその最たるものかもしれません。

「オルタナでも世に影響を与えていた」

水谷　いまアナログ・レコードのプレス工場を作っています。

山崎　これはかなりのチャレンジですね。その名も「VINYL GOES AROUND PRESSING」です。

水谷　いま、レコード・プレスはどこも半年待ちとかの状況が続いているので、少しでもその緩和になればと思いますし、個人やバンド系の人たちも気軽にレコードを作れるようになることでレコード文化に貢献していきたい。

山崎　これこそＶＧＡでやるべきことだと思います。

水谷　しかしまだ昔と比べて音楽が若者文化の中心にない感じはありますね。00年代ころまでは音楽が文化のもっと真ん中にいた。音楽が好きで詳しいということがもっとイケていた。僕らの範囲はオルタナではあるけれど、世の中にはもっと影響を与えていました。

山崎　いま音楽はアートやＩＴ、アニメ、ゲームなどにとって代わられている気がします。一概には言えないですけれど。

水谷　そうですね。若い人たちにとっては音楽をやるよりも、アート・オークションで作品が何億で売れたという話の方がトピックとして大きくなっている。昔はレーベル・マンはもっと華やかだったし、音楽業界はキラキラしていた気がします。

山崎　結局お金が回っている世界に華がある。自省を込めて言いますと音楽業界は昔に比べて貧乏臭くなった気がしますね。ロックな親父はカッコ悪い。あこがれにならない。音楽経済が回らなくなったのは、やっぱりスティーヴ・ジョブズが悪いですね（笑）。

水谷　僕みたいな年寄りが幅を利かせているのは良くないです（笑）。僕らは後ろから支えて若者を前に出さないと。新しいシーンは若い世代が作るものですが、いまはおじさんたちがまだみんな現役ですからね。

山崎　昔の音楽関係者は若いときにある程度稼いだのですぐ引退気分になれたけど、僕らの世代はいいところで音楽の価値が崩れたから、みんな引くに引けないんじゃないですか?

水谷　いまは結局おじさんもシティポップとアンビエントを追いかけてますからね。昔は世代でもっと趣味が明確に分かれていましたよ。

山崎　面白い話があって、18歳くらいの頃（1989年）、アメリカのブラック・ミュージックのプロモーターをやっているおじさんから「手伝わないか?」って誘われたことがあったんですけど。「君はブラック・ミュージック好きなの?　何聴いているの?」って聞かれて、パブリック・エナミーとかジェイムズ・ブラウンって答えたら「ラップ?　そんなの音楽じゃないよ」とか、JBについても「そんな古臭いの聴くんだったら、アトランティック・スター（80年代にヒットを連発したソウル・グループ）を聴け」とか言われて（笑）。

水谷　僕らの若い頃は、いわゆるブラコン（ブラック・コンテンポラリー・ミュージック）ってダサかったですもんね。

山崎　で、そのおっさんに「これ、俺が関わっているレコードだからやるよ」って、「勉強しておけ」くらいな勢いでもらったレコードが日本のブラコンだったんですね。バックを黒人がやっていて、ヴォーカルを日本の女性がとったアルバムだったんですけど、大きなクチビルのジャケでダサくて速攻捨てました。

水谷　え、それってもしかして⁉

山崎　そう、チョコレート・リップス（和モノ・ブームで認知度の上がった代表的なグループ）だったんですよ。30年後に高額盤になって壁に飾られているのを見て驚愕しました。捨てなければよかったと後悔しましたね。

水谷　80年代のブラコンは若い世代にはウケているんでしょうか。時代は一周するんですね。

山崎　話も矛盾してきましたし（笑）、そろそろじじぃは黙らなきゃですね。若い人も交えてもっと話したいので仲間を募集します!

VINYL GOES AROUND 仲間募集!
スタッフ、ライター、集まれレコード好き!
ちょっとしたお手伝い（学生さんも）歓迎します。
ご興味のある方はプロフィールをこちらまで。
よろしくお願いいたします。
vinylgoesaround@p-vine.jp
Instagram: P-VINE 〈RARE GROOVE〉（@p_vine_raregroove_vga）

ＯＰＮといえば、２０１０年代の代表選手、これは特集だね、小林君、という軽い感じではじまった今回の編集、しかし、いざやってみると、こりゃとんでもない10年だったなといまさらながら認識した次第です。政治・社会のことを入れるととんでもないことになるので、音楽に絞ったものの、音楽だけでも、読んでいただけたように、その文化環境をめぐってはとんでもない変化がありました。２０１０年のぼくのミュージック・ライフと現在とではだいぶ隔たりがあります。そしてページを巡りながら多くの人が違和感を覚えたと思われますが、今回は、単純にページ数の都合とマンパワー的な問題から、エレクトロニック・ミュージック／ダンス・カルチャーに関しては、わりとばっさりカットしています。これはいずれ、しっかりした形で見せられればと思っています。

今回は、ウェブ版のほうではあまり取り上げてこなかった事柄を優先させているのと、ＯＰＮをひとつの起点としたため、ややアメリカ寄りの内容に偏っています。音楽と文化との連動で言えば、作品それ自体の面白さというよりは、考察すべきことが多く、２０１０年代だけで一冊書けるなと思いました。それだけ２０１０年代は深いです。

（Ｎ）

ele-king vol.32　特集：2010年代という終わりとはじまり

2023年12月05日　初版印刷
2023年12月15日　初版発行

編集　野田努＋小林拓音（ele-king）
アート・ディレクション＆デザイン　鈴木聖
協力　松島広人

発行者　水谷聡男
発行所　株式会社Pヴァイン
〒150-0031
東京都渋谷区桜丘町21-2 池田ビル2F
編集部：TEL 03-5784-1256
営業部（レコード店）：
TEL　03-5784-1250
FAX　03-5784-1251
http://p-vine.jp

発売元　日販アイ・ピー・エス株式会社
〒113-0034
東京都文京区湯島1-3-4
TEL　03-5802-1859
FAX　03-5802-1891

印刷・製本　シナノ印刷株式会社

ISBN　978-4-910511-64-1